井沢元彦

歴史「謎」物語

廣済堂文庫

目次

〔I〕謎に迫る

〔Ⅱ〕隠された真相

編集協力――㈲ホソヤプランニング

本書は、一九九五年三月廣済堂出版より刊行された。

〔Ｉ〕謎に迫る

柿本人麻呂はなぜ正史に登場しないのか

詩人は魔術師、錬金術師

詩は言葉の魔法であるという。

原初は、たんなる情報伝達のための記号にすぎなかった「言葉」が、民族の歴史のなかで、磨《みが》かれ高められて、ついには玄妙《げんみょう》な芸術の域に到達する。

二十世紀の今日でさえ、詩を語ることができない単純な言葉しかもたない民族もいる。

それを思えば、われわれは幸福である。

日本語が言葉として独自の地位を確保してから、おそらく二千年ほどの歳月が流れているだろう。当初は、中国、朝鮮といった東アジアの先進国に比べ、粗末な衣服や住居しかなかったわれわれの祖先が、周囲の状況に刺激を受けてしだいに成長していく。その過程で日本語は東アジアのなかで独立したのである。

言語が独立するには二つの要件がある。

一つは、その言語がすべての学問を語ることができるほどの精度をもつこと。もう一つは、その言語で芸術を創造できることである。言語は、繰り返すが、たんなる情報伝達のための記号にすぎなかった。また、どのような人間でも同じ文化圏にいれば、同じ言語を使う。王者でも庶民でもたいした違いはない。

にもかかわらず、同じ材料を使いながら、言葉をたんなる記号をはるかに超越した、美しい魔物に変えてしまう人たちがいる。

それが詩人である。

言葉を並べて文章をつづるだけなら、いまや機械にだってできる。

▲柿本人麻呂

しかし、詩人はまったく同じ材料を使いながら、機械や並みの人間には絶対にできない「詩」というものを創造してしまうのである。

まさに魔術師であり錬金術師なのだ。

もちろん、それは天才のなせる業《わざ》だ。

言葉は「詩人」という天才たちに操られてこそ、

その能力を最大限に発揮する。

力をも入れずして天地《あめつち》を動かし、目に見えぬ鬼神《きしん》をもあはれとおもはせ——

『古今集《こきんしゆう》』の仮名序《かなじよ》（かな書きの序文）にあるこの言葉は、言語芸術の極致《きよくち》と理想を明示している。

そういうことのできる人間を、幸いにもわれわれの民族は何人かもっている。

その一人、最初の一人といってもいいのが、詩人としての柿本人麻呂《かきのもとのひとまろ》（人麿）なのである。

人麻呂によって言葉は芸術となった。

人麻呂以前にも、小詩人《マイナーポエト》はいた。

人麻呂の出現を促《うなが》す偉大な序曲のような、きらびやかな人たちがいた。

『万葉集』（巻一）舒明《じよめい》天皇の望国《くにみ》の歌、

大和《やまと》には　群山《むらやま》あれど　とりよろふ　天《あま》の香久山《かぐやま》　登り立ち　国見をすれば　国原《くにはら》

は　煙《けぶり》立ち立つ　海原《うなはら》は　鴎《かもめ》立ち立つ　うまし国そ　蜻蛉島《あきつ》　大和の国は

同じく（巻一）天智《てんじ》天皇の歌、

わたつみの豊旗雲《とよはたくも》に入日《いりひ》見し今夜《こよひ》の月夜《つくよ》さやに照りこそ

天皇の歌が二つつづいてしまったが、とくに意味があるわけではない。このほかにも、さまざまな歌人がいた。ただ古代の日本では、文化人はかならずなんらかのかたちで宮廷に所属していたといえるだろう。

人麻呂も例外ではない。

それどころか、彼の作品は宮廷の消長と密接に関連している。それは間違いのない事実である。しかし、どのように関連しているのかという、具体的な話になると、語られる所説には天と地の開きがある。

したがって、まず、詩人人麻呂の代表的な作品を紹介することによって、彼の偉大な足跡を振り返ることにしたい。

人の心を打つ人麻呂の歌

まず最初に『万葉集』（巻一）より、人麻呂が壬申《じんしん》の乱で滅亡した近江《おうみ》京をしのんでうたった長歌ならびに反歌。

近江の荒れたる都を過ぐる時、柿本朝臣《あそみ》人麻呂の作る歌

玉襷《たまたすき》　畝火《うねび》の山の　橿原《かしはら》の　日知《ひじり》の御代《みよ》ゆ　生《あ》れましし　神のことごと　樛《つが》の木の　いやつぎつぎに　天《あめ》の下《した》　知らしめししを　天《そら》にみつ　大和《やまと》を置きて　あをによし　奈良山を越え　いかさまに　思ほしめせか　天離《あまざか》る　夷《ひな》にはあれど　石走《いはばし》る　淡江《あふみ》の国の　楽浪《ささなみ》の　大津《おほつ》の宮に　天《あめ》の下《した》　知らしめしけむ　天皇《すめろき》の　神の尊《みこと》の　大宮は　此処《ここ》と聞けども　大殿《おほとの》は　此処と言へども　春草の　繁《しげ》く生ひたる　霞立ち　春日《はるひ》の霧《き》れる　ももしきの　大宮処《おほみやどころ》　見れば悲しも

反歌

ささなみの志賀《しが》の辛崎《からさき》幸《さき》くあれど大宮人《おほみやひと》の船《ふね》待ちかねつ

▲志賀の海として多くの歌人に詠まれた琵琶湖

ささなみの志賀の大わだ淀《よど》むとも昔の人にまたも逢《あ》はめやも

こまかに解釈せずとも大意はおわかりだろう。人麻呂は志賀（滋賀）の大津宮を通り過ぎて行く。ここは六七二年に壬申の乱が起こり、天智天皇の築いた京がことごとく灰塵《かいじん》に帰《き》した場所である。あの英明な天智帝が中大《なかのお》兄《おえ》皇子とよばれていた時代に、蘇我《そが》氏を倒し大化改新《たいかのかいしん》をなし遂げた偉大な王者が、全精力を注いで築き上げた都である。それがわずか数年の間に廃墟《はいきょ》となったのだ。

壬申の乱は、天智帝の子の大友《おおとも》皇子と天智帝の弟の大海人《おおあま》皇子の争いとされている。先に皇位を継いだ大友皇子（弘文《こうぶん》天皇）が、叔《お》父《じ》に当たる大海人皇子（のちの天武《てんむ》天皇）に滅ぼされた骨肉の争いである。人麻呂はかつての大津京の繁栄を想い、この歌を残した。

栄華をきわめた都が、わずか五年余りで崩壊してしまった。その悲しみが痛切に伝わってくる歌である。

悲しみをうたうといえば、人麻呂の独壇場ともいうべき「挽歌《ばんか》」というものがある。挽歌とは本来「人の柩《ひつぎ》を挽《ひ》くときの歌」らしいが、これから転じて、人の死を悼《いた》み、あるいは悲しむ歌の総称となった。

まず、『万葉集』（巻二）「挽歌」から、柿本朝臣人麻呂、妻死《みまか》りし後、泣血哀慟《きふけつあいどう》して作る歌二首。

天飛《あまと》ぶや、軽《かる》の路《みち》は　吾妹子《わぎもこ》が　里にしあれば　ねもころに　見まく欲《ほ》しけど　止《や》
まず行かば　人目を多み　数多《まね》く行かば　人知りぬべみ　狭根葛《さねかづら》　後《のち》も逢《あ》はむと
大船《おほぶね》の　思ひ憑《たの》みて　玉かぎる　磐垣淵《いはかきふち》の　隠《こも》りのみ　恋ひつつあるに　渡る日の
暮れ行くが如《ごと》　照る月の　雲隠《がく》る如　沖つ藻《も》の　靡《なび》きし妹《いも》は　黄葉《もみぢば》の　過ぎて去《い》に
きと　玉梓《たまづさ》の　使の言へば　梓弓《あづさゆみ》　声《おと》に聞きて　言はむ術《すべ》　為《せ》むすべ知らに　声《おと》

のみを　聞きてあり得ねば　わが恋ふる　千重《ちへ》の一重《ひとへ》も　慰むる　情《こころ》もありやと吾妹子が　止《や》まず出《い》で見し　軽《かる》の市《いち》に　わが立ち聞けば　玉襷　畝火《うねび》の山に　鳴く鳥の　声も聞《きこ》えず　玉桙《たまほこ》の　道行く人も　一人だに　似てし行かねば　すべをなみ妹《いも》が名喚《よ》びて　袖《そで》そ振りつる

妻の死に動転した人麻呂は街道に飛び出す。行きかう人々に妻の面影《おもかげ》を求めるが、満たされるはずもない。この悲しみは時代を超えて、人々の胸を打つ。（反歌略）

次も挽歌である。

讃岐《さぬき》の狭岑島《さみねのしま》に、石の中に死《みまか》れる人を視《み》て、柿本朝臣人麻呂の作る歌一首

玉藻《たまも》よし　讃岐の国は　国柄《くにから》か　見れども飽《あ》かぬ　神柄《かむから》か　ここだ貴《たふと》き　天地《あめつち》　日月とともに　満《た》りゆかむ　神《かみ》の御面《みおも》と　継ぎて来《く》る　中《なか》の水門《みなと》ゆ　船浮けて　わが漕《こ》ぎ来れば　時つ風　雲居に吹くに　沖見れば　とゐ波立ち　辺《へ》見れば　白波さわく　鯨魚《いさな》取り　海を恐《かしこ》み　行く船の　梶《かぢ》引き折りて　をちこちの　島は多けど　名くはし　狭岑《さみね》の島の　荒磯面《ありそも》に　いほりて見れば　波の音《と》の　繁き浜べを　敷栲《しきたへ》の

枕になして　荒床《あらどこ》に　自伏《ころふ》す君が　家知らば　行きても告げむ　妻知らば　来《き》も問はましを　玉桙《たまほこ》の　道だに知らず　おぼぼしく　待ちか恋ふらむ　愛《は》しき妻らは
（巻二・二二〇）

人麻呂は人里離れた島で、岩の上に倒れ伏す死人を見た。おそらく、その体は白骨化していたのだろう。暗い運命に沈み、不幸な死を遂げた者に、人麻呂は深い哀れみを感じ、鎮魂《ちんこん》の歌をうたったのである。（反歌略）

鎮魂の歌といえば、もう一つ、太政大臣《だいじょうだいじん》をも務めた高市皇子《たけちのみこ》の死を悼《いた》む歌。

高市皇子尊《たけちのみこのみこと》の城上《きのへ》の殯宮《あらきのみや》の時、柿本朝臣人麻呂の作る歌一首并《ならび》に短歌

かけまくも　ゆゆしきかも　言はまくも　あやに畏《かしこ》き　明日香《あすか》の　真神《まかみ》の原に　ひさかたの　天《あま》つ御門《みかど》を　かしこくも　定めたまひて　神《かむ》さぶと　磐隠《いはがく》ります　やすみしし　わご大君《おほきみ》の　きこしめす　背面《そとも》の国の　真木《まき》立つ　不破山《ふはやま》越えて　高麗《こま》剣《つるぎ》　和蹔《わざみ》が原の　行宮《かりみや》に　天降《あも》り座《いま》して　天の下　治《をさ》め給ひ　食《を》す国《くに》を　定めたまふと　鶏《とり》が鳴く　吾妻《あづま》の国の　御軍士《みいくさ》を　召し給ひて　ちはやぶる　人を和《やは》せと

服従《まつろ》はぬ　国を治めと　皇子《みこ》ながら　任《ま》け給へば、大御身《おほみみ》に　太刀《たち》取り帯《お》ばし　大《おほ》御手《みて》に　弓取り持たし　御軍士を　あどもひたまひ　斉《ととの》ふる　鼓《つづみ》の音は　雷《いかづち》の声《おと》と聞くまで　吹く響《な》せる　小角《くだ》の音も　敵《あた》見たる　虎か吼《ほ》ゆると　諸人《もろひと》の　おびゆるまでに　捧げたる　幡《はた》の靡《なびき》は　冬ごもり　春さり来れば　野ごとに　着きてある火の　風の共《むた》　靡くがごとく　取り持てる　弓弭《ゆはず》の騒《さわき》　み雪降る　冬の林に　飃《つむ》風《じ》かも　い巻き渡ると　思ふまで　聞きの恐《かしこ》く　引き放つ　矢の繁けく　大雪の乱れて来《きた》れ　服従《まつろ》はず　立ち向ひしも　露霜《つゆしも》の　消《け》なば消ぬべく　行く鳥の　あらそふ間《はし》に　渡会《わたらひ》の　斎《いつき》の宮《みや》ゆ　神風《かむかぜ》に　い吹き惑はし　天雲《あまくも》を　日の目も見せず常闇《とこやみ》に　覆《おほ》ひ給ひて　定めてし　瑞穂《みづほ》の国を　神《かむ》ながら　太敷きまして　やすみしし　わご大王《おほきみ》の　天の下　申し給へば　万代《よろづよ》に　然《しか》しもあらむと　木綿花《ゆふはな》の　栄ゆる時に　わご大王　皇子《みこ》の御門《みかど》を　神宮《かむみや》に　装《よそ》ひまつりて　使はしし　御門の人も白栲《しろたへ》の　麻衣着《あさごろもき》　埴安《はにやす》の　御門の原に　茜《あかね》さす　日のことごと　鹿《しし》じもの　い匍《は》ひ伏しつつ　ぬばたまの　夕《ゆふべ》になれば　大殿《おほとの》を　ふり放《さ》け見つつ　鶉《うづら》なす　い匍ひもとほり　侍《さもら》へど　侍《さもら》ひ得ねば　春鳥の　さまよひぬれば　嘆きも　いまだ過ぎぬに　憶《おも》ひも　いまだ尽きねば　言《こと》さへく　百済《くだら》の原ゆ　神葬《かむはぶ》り　葬《はぶ》りいまして　麻《あさ》

裳《も》よし　城上《きのへ》の宮を　常宮《とこみや》と　高くまつりて　神ながら　鎮《しづ》まりましぬ　然《しか》れども　わご大王《おほきみ》の　万代《よろづよ》と　思《おほ》ほしめして　作らしし　香具山《かぐやま》の宮　万代に　過ぎむと思へや　天の如　ふり放け見つつ　玉襷《たまたすき》　かけて偲《しの》はむ　恐《かしこ》かれども（巻二・一九九）

短歌二首

ひさかたの天《あめ》知らしぬる君ゆゑに日月《ひつき》も知らず恋ひ渡るかも（巻二・二〇〇）

埴安《はにやす》の池の堤《つつみ》の隠沼《こもりぬ》の行方《ゆくへ》を知らに舎人《とねり》はまとふ（巻二・二〇一）

人麻呂の本領は、いまは滅び去った「長歌」という形式に発揮されている。五・七の句を繰り返し、最後は七の句で終わるこの形式は、人麻呂の詩魂にぴったりと合ったもののように思える。

もちろん、人麻呂はすぐれた短歌（反歌）をもつくっている。

淡海《あふみ》の海《うみ》夕浪千鳥汝《な》が鳴けば情《こころ》もしのに古《いにしへ》思ほゆ（巻三・二六六）

東《ひむかし》の野に炎《かぎろひ》の立つ見えてかへり見すれば月傾《かたぶ》きぬ（巻一・四八）

天離《あまざか》る夷《ひな》の長道《ながぢ》ゆ恋ひ来れば明石《あかし》の門《と》より大和島見ゆ（巻三・二五五）
あしひきの山川《やまがは》の瀬の響《な》るなべに弓月《ゆつき》が嶽《たけ》に雲立ち渡る（巻七・一〇八八）
もののふの八十《やそ》氏河《うぢがは》の網代木《あじろき》にいさよふ波の行く方《へ》知らずも（巻三・二六四）

以上、私のとくに好きな五首を順不同にあげたが、たしかに、短歌でも人麻呂は一つの独自の領域を完成させている。しかし、それだけの理由で短歌だけを重要視するのは間違いである。

ところが、現実に、たとえば古代から現代を通じての歌集がつくられる際に、人麻呂は短歌だけがとり上げられるような不当な待遇を受ける。

近代や現代の歌人にまじって、人麻呂の短歌だけがとり上げられ、おもにスペースと他の作品とのバランス（近代歌人は長歌をつくらない）の関係で、人麻呂の長歌は不当にも割愛《かつあい》されてしまうのである。

かといって、ふつうの詩集にも、それが韻律《いんりつ》のある歌という理由で、掲載されない。

人麻呂の長歌を読みたければ、原典である『万葉集』を読むのが最善の方法である。それは否定しないが、もう少し彼の長歌が他の詞華集《しかしゅう》などに掲載されてもいいのではないか。

もっとも、現代日本では個人歌集（詩集）が全盛で、詞華集などは流行の外にあることはよくわかっているのだが。

話がわき道にそれた。もう一つ、彼の長歌を紹介したい。

柿本朝臣人麻呂、石見国《いはみのくに》より妻に別れて上り来る時の歌二首并に短歌

石見《いはみ》の海　角《つの》の浦廻《うらみ》を　浦なしと　人こそ見らめ　潟《かた》なしと　人こそ見らめ　よしゑやし　浦は無くとも　よしゑやし　潟は無くとも　鯨魚《いさな》取り　海辺を指して　和《にき》多津《たつ》の　荒磯《ありそ》の上に　か青なる　玉藻《たまも》沖つ藻　朝羽《あさは》振る　風こそ寄せめ　夕羽《ゆふは》振る　浪《なみ》こそ来寄せ　浪の共《むた》　か寄りかく寄る　玉藻なす　寄り寝し妹《いも》を　露霜の　置きてし来れば　この道の　八十隈毎《やそくまごと》に　万《よろづ》たび　かへりみすれど　いや遠《とほ》に　里は放《さか》りぬ　いや高に　山も越え来ぬ　夏草の　思ひ萎《しな》えて　偲ふらむ　妹《いも》が門《かど》見む　靡《なび》けこの山（巻二・一三一）

反歌二首

石見のや高角山《たかつのやま》の木《こ》の際《ま》よりわが振る袖《そで》を妹見つらむか（巻二・一三二）

小竹《ささ》の葉はみ山もさやに乱るともわれは妹思ふ別れ来ぬれば（巻二・一三三）

本来、詩人はすべて作品によって評価されるべきであり、それ以外で評価されることがあってはならない。作者がどのような人間で、どう生きたか、それを知ることによって興趣が深まる場合もある。しかし、それはあくまでつけ足しであり、いかに劇的な生涯を送ろうとも、作品がそれに及ばなければなんの意味もない。これが原則である。

だが、人麻呂の場合はこの原則を若干修正する必要がある。人麻呂の時代背景、当時の政治状況などを勘案すると、たんに興趣が深まるというだけでなく、歌の内容を有機的に理解することができるのである。

もちろん、それは人麻呂の歌が他の条件から独立して鑑賞できないということではない。むしろ、そうではないことを証明するために、私はあえてここでは詳細な歌の背景説明をしなかった。そんなことをしなくても、人麻呂の歌は十分に心を打ったはずである。

しかし、先に述べたような事情があることもけっして否定できない。

謎《なぞ》に包まれた人麻呂の人物像

じつは、人麻呂の生涯は謎に包まれている。

その生涯について事実と確認できることは、ほんのひと握りである。

一、生没年未詳。ただし天智《てんじ》朝から文武《もんむ》朝ころの人らしい。

二、持統《じとう》・文武朝に宮廷歌人として活躍、日並知《ひなみしの》皇子尊《みこのみこと》（草壁《くさかべ》皇子）、高市《たけち》皇子らの死に当たって殯宮《ひんきゅう》の歌をつくる。

三、近江《おうみ》・讃岐《さぬき》・筑紫《つくし》国や瀬戸内地方へ行ったことがある。

四、石見《いわみ》国で死んだらしい。

この四点だけはどんな学者でも認めている、といっていいだろう。

ただこまかな点まで突きつめると、問題が出てくる。

たとえば「宮廷歌人」の概念、石見国で死んだかどうか——など。四の「……らしい」を「……だ」と断定調に改めると、さっそく異論が出てくる始末なのだ。

どうして、そうなってしまうのか。

答えは簡単で、この時代の正史（国がつくった歴史書）のなかに、柿本人麻呂が一度も登場しないからだ。人麻呂は『万葉集』という歌集のなかでは第一等の主役であるが、『日本書紀』や『続日本紀《しょくにほんぎ》』のなかには脇役《わきやく》としてすら登場しない。

この時代には宮廷以外に文化人の存在する余地はない。町人や大衆のなかから文化が生まれてくるのは、もっとずっとあとのことである。

この時代の、しかも宮廷の関係者なら、かならず官位をもっている。すなわち正一位からはじまるあれである。以下、従一位、正二位、従二位、正三位——と下がっていく。そして、この時代の通例として、五位以上の人間の任官は正史に記録される。だが、人麻呂の名は史書には見当たらない。

さらに、人間の死についても官位による区別がある。三位以上の身分の人が死ねば、それを「薨《こう》」と表現し、五位以上は「卒《そつ》」、六位以下はたんに「死」と書く。

そこで『万葉集』（巻二）を見ると、人麻呂の死の事情については次の五首が手がかりとなる。

柿本朝臣《あそみ》人麻呂、石見国に在りて臨死《みまか》らむとする時、自ら傷《いた》みて作る歌一首

鴨山《かもやま》の岩根し枕《ま》けるわれをかも知らにと妹《いも》が待ちつつあらむ（巻二・二二三）

柿本朝臣人麻呂の死《みまか》りし時、妻依羅娘子《よさみのをとめ》の作る歌二首

今日今日《けふけふ》とわが待つ君は石川の貝《かひ》に（一に云ふ谷に）交《まじ》りてありといはずやも（巻二・二二四）

直《ただ》の逢《あ》ひは逢ひかつましじ石川に雲立ち渡れ見つつ偲《しの》はむ（巻二・二二五）

丹比真人《たぢひのまひと》（名をもらせり）柿本朝臣人麻呂の意《こころ》に擬《なずら》へて報《こた》ふる歌一首

荒波に寄りくる玉を枕《まくら》に置きわれここにありと誰か告げなむ（巻二・二二六）

或《あ》る本の歌に曰《い》はく

天離《あまざか》る夷《ひな》の荒野に君を置きて思ひつつあれば生《い》けるともなし（巻二・二二七）

右の一首の歌、作者いまだ詳《つばひ》らかならず。但し、古本、この歌をもちてこの次《つぎて》に載す。

おわかりだろうか、『万葉集』は人麻呂の最期《さいご》を「臨死」ないしは「死」と表現している。この歌集においても、先ほど述べた官位による死の区別は貫かれているので、

「死」とある以上、人麻呂は六位以下の下級官僚だったということになる。

この点に着目した江戸時代の国学者賀茂真淵《かものまぶち》は、先師契沖《けいちゅう》の説を発展させ、次のような推論をまとめた。

(一)、人麻呂は六位以下の下級官吏である(理由は前述)。

(二)、人麻呂は和銅四年(七一一)以前に死んだ。人麻呂の死を語る歌(前述の五首)が、巻二の「寧楽宮《ならのみや》」の節の、和銅四年と記載のある歌の直前にあるからである。

(三)、人麻呂は舎人《とねり》(下級官職の一つ。侍従《じじゅう》)である。時代の明確な人麻呂の歌は、持統三年(六八九)に草壁皇子が死んだときの歌であり、そのうたわれた状況からみて、人麻呂はその時点で舎人であった。

▲賀茂真淵

(四)、人麻呂は舎人を務めたあと、地方の下級役人となった。『万葉集』を見ても、彼はいろいろな地方に行っているが、国司《こくし》として赴任したのなら、かならず正史に記録があるはずである。それがない以上、人麻呂は三等官以下の掾《じょう》か目《さかん》であった。

そのほかに真淵は、人麻呂が舎人であることを土台にして、彼の年齢を持統三年の時点で二十四、五歳とみており、死んだときは五十歳未満だったと推論している。

真淵の考えた人麻呂像をまとめると、次のようになる。

「人麻呂は斉明《さいめい》天皇の御代《みよ》に生まれ（死亡時から逆算）、二十四、五歳ごろ、草壁皇子の舎人であった。のち地方官吏に転じ、各地を転々としたが、官位は六位以下の下級官吏にとどまった。最後は任地の石見国で死んだが、それは和銅四年以前であることは確実で、おそらくは和銅年間の初期であろう。その一生を通じて政治上の事跡はなく、ただ歌人としてのみ後世に名を残した」

じつは、これは、こまかい点では異論があるものの、現在でも国文学者に支持されている通説である。

この説は当時の常識および『万葉集』の記載と矛盾《むじゅん》がなく、至極妥当《だとう》なものであるとして、江戸時代以来、今日まで支持されてきたのだが、一つ大きな問題がある。

『万葉集』とは矛盾しないが、『古今集』とは矛盾するのである。『古今集』、正しくは『古今和歌集』は日本最初の勅撰《ちょくせん》集（天皇の命によってつくられた歌集）である。『万葉集』が勅撰であると思われている方も多いようだが、これには明確な根拠がない。人麻呂の出自とともに『万葉集』の起源も謎に包まれている。

さて、この矛盾とはなにか。まず『古今集』の仮名序《かなじょ》を見てほしい。筆者は当時の歌学の最高権威の一人である『土佐日記』の著者紀貫之《きのつらゆき》とされる。

いにしへより、かくつた（伝）はるうちにも、なら（平城）の御時よりぞ、ひろまりにける。かのおほむ世や、哥《うた》のこゝろをしろしめたりけむ。かのおほん時に、おほきみつのくらゐ（正三位）、かきのもとの（柿本）人まろ（麻呂）なむ、哥のひじりなりける。これは、きみもひとも、身をあ（合）はせたりといふなるべし。秋のゆふべ、たつた（竜田）河にながるるもみぢをば、みかどのおほんめには、にしきと見たまひ、春のあした、よしの（吉野）の山のさくら（桜）は、人まろが心には、雲かとのみなむおぼえける。又《また》、山の辺のあか（赤）人といふ人ありけり。哥にあやしく、たへなりけり。人丸は赤人がかみにたゝむ事かたく、あかひとは人まろがしもにたゝむことかたくなむ

▲紀　貫之

ありける。この人々をきて、又すぐれたる人も、くれ竹の世々にきこえ、かたいとの、よりよりにたえずぞありける。これよりさきの哥をあつめてなむ、万えふしふ（葉集）と、なづけられたりける。

これはあの有名な書き出し、

やまとうたは、人の心を種《たね》として、よろづの言の葉とぞなれりける。

のあと、和歌の歴史と形態を述べた箇所につづく部分で、そのあとに、

かの御時より、この方《かた》、としはもゝとせ（百年）あまり、世はとつぎ（十代）になむなりにける。

という言葉がある。

まず前半の部分だが、大意をとると、

「このように昔から歌の道は伝わってきたのだが、（とくに）平城《なら》の帝《みかど》（平城《へいぜい》天皇）の御代《みよ》に広まった。その時代に歌は広く人々の心をとらえたのである。そのとき、正三《おおきみつの》位《くらい》柿本人麻呂は歌聖であった。これは、歌の道で帝と人麻呂が身を合わせたというべきであろう。

秋の夕べ、竜田川《たつた》に流れる紅葉は帝の目には錦《にしき》と見え、春の朝、吉野の山桜は人麻呂の心には雲かと思えたのだろう。

また山辺赤人《やまべのあかひと》という歌の上手《じょうず》がいた。

人麻呂より赤人が上だとはいえず、赤人は人麻呂より下だともいえない。この人々のほかにもすぐれた歌人がたえず輩出した。そこで、この人麻呂や赤人以前の歌を集め、万葉集と名づけたのである」

これをそのまま真実として受け取ると、人麻呂は平城天皇（在位八〇六〜八〇九）の時代の人間ということになってしまう。しかし、人麻呂は先ほど述べた『万葉集』の歌の配列によって、和銅年間（七〇八〜七一四）の初期に死亡したとみられている。つまり、人麻呂が死後百年後に復活したということになってしまうのである。これは明らかな矛盾である。

しかも、人麻呂は正三位だったと述べられている。これではとても下級官吏とはいえない。三位といえば公卿《くぎょう》なのである。

江戸時代の万葉学者もこの矛盾に苦しんだ。そして賀茂真淵は最後に明確な断をくだした。

それは、この部分は後世起こった伝説による虚構であり、本文にあとから書き加えられたものだとしたのである。

正三位もうそ、人麻呂が平城帝といっしょにいたというのもでたらめと断定したのである。

現代の学者も、ほぼこの説を踏襲し、とくに人麻呂が正三位だったかどうかについては、これを完全に否定するのが通説となっている。

すなわち、賀茂真淵以来の人麻呂像が固定したイメージとして語り継がれ、明治以降の歌人や学者も人麻呂をこのイメージのなかでとらえていた。

新説登場――人麻呂は粛清された

ところが、昭和四十八年に哲学者の梅原猛氏が『水底《みなそこ》の歌――柿本人麿論』を世に送り、人麻呂論に新紀元を画した。

この梅原氏の理論は、賀茂真淵《かものまぶち》以来の人麻呂論に根本的な変革を迫るものであった。

梅原氏はまず、人麻呂の死に際してうたわれた短歌、「柿本朝臣人麻呂、石見国《いはみのくに》に在《あ》りて臨死《みまか》らむとする時、自ら傷みて作る歌一首」と、それにつづく四首（鴨山《かもやま》五首）に新しい解釈を加える。

いままでの解釈では、最初の、

鴨山の岩根し枕《ま》けるわれをかも知らにと妹《いも》が待ちつつあらむ

これは問題ないとしても、次の、妻依羅娘子《よさみのをとめ》の歌、

今日《けふ》今日《けふ》とわが待つ君は石川の貝に（一に云ふ谷《かひ》に）交《まじ》りてありといはずやも

この歌の解釈がうまくできなかった。

「貝に交りて」という句の意味が明確にできない。ほんとうに貝にまじっているとしたら、人麻呂は水底《いい》にいることになってしまう。

そこで、ある学者は注にある「谷《かひ》」のほうが正しいとした。すなわち人麻呂は山奥の谷に消えて行ったとするのである。

また別の学者は、これは人麻呂を火葬にし、その遺骨を海に蒔《ま》いたのだとした。

しかし、梅原氏は従来の解釈はすべて誤りで、人麻呂は水死《いい》したのだとした。

そうすれば、「貝」を「谷」と読み替える必要はないし、次の丹比真人《たじひのまひと》の詠んだ、

荒波に寄りくる玉を枕《まくら》に置きわれここにありと誰か告げなむ

てしまう。


この歌も素直に解釈できる。

従来の説では、これは一種の誤解によってつくられたものだとしてきた。

この歌には丹比真人が「人麻呂の意《こころ》に擬《なずら》へて」詠んだ歌という詞書《ことばがき》がある。真人が人麻呂に代わり、その気持ちを代弁した歌であるから、この歌の「われ」とは人麻呂のことになるのだが、これまた字義どおり解釈すれば、人麻呂は海の中にいることになってしまう。

したがって、真人は人麻呂が海中で死んだと誤解していた。そして、その誤解にもとづきこの歌を詠んだ。もともと誤解に立脚した歌だから、これはまったく価値がない。

これが、梅原氏以前の万葉学者や歌人の理論だった。

しかし、これも梅原氏の主張するように、水死という糸でつなげば、全部筋が通るのである。人麻呂が水死したとすれば、妻が水底にいる夫を思ってうたうのが当然であるし、友が海中にいる人麻呂の心を代弁してうたうのも、これまた当然である。

この水死ということについて、梅原氏は非常に興味深い指摘をしている。

一つは、中世の伝承において人麻呂は水難の神とされていたことである。

民俗学の視点からみれば、古来から日本で神に祭られた人物は、すべて怨霊《おんりょう》――すなわち非業《ひごう》の死を遂げた者だ。その祟《たた》りを恐れて神に祭るのである。たとえば業病《ごうびょう》で亡くなった人を、その病をなおしてくれる神として信仰する場合も多い。これらの観点を総合すると、人麻呂は水死で非業の死を遂げたということになる。

もう一つは『源氏物語』の「蜻蛉《かげろう》の巻」にも依羅娘子《よさみのをとめ》と同じイメージで、登場人物（浮舟《うきふね》）の死を案じている部分があるという指摘である。

このように、「人麻呂は水死した」ということを事実として認めると、人麻呂の死を語る「鴨山五首」がすべて有機的な関連をもっていることがわかる。これまでの通説では理解不可能だったことにいちおうの説明がつくのである。

さて、次になぜ人麻呂が水死せねばならなかったかだ。水死といえば、事故、自殺、他から強制された死（刑死）の三つしか考えられない。まず、事故の場合はありえない。事故死（しかも水死）した人間が、どうして辞世などを詠むことができようか。

では、自殺か刑死かということであるが、梅原氏は明確に刑死だとする。人麻呂の歌の詞書に「自傷《みずからいたみて》」とあるからだ。

『万葉集』において、もう一つ「自傷」と詞書のある歌がある。巻二の一四一と一四二、処刑された有間皇子《ありまのみこ》が詠んだ歌である。これと同じように人麻呂も処刑される身を「自傷」として歌を詠んだにちがいないとするのである。

ではなぜ処刑されねばならなかったか。

それは、人麻呂は下級官吏などではなく、天武《てんむ》・持統《じとう》朝の政治状況に大きな影響力をもつ詩人で、高級官僚であったからだ。梅原氏はそのように主張する。そして政治状況の変化によって、詩人は追放され粛清《しゅくせい》されたと考えるのである。

ここで梅原氏は通説ともう一つ大きな対立をしてしまった。

人麻呂は『万葉集』の詞書の「死」という文字の解釈から、少なくとも江戸時代以降は下級官吏と考えられていた。これが現在も学界の通説である。しかも、この根拠である「死」の解釈は動かしがたい。

しかし、梅原氏は「死」の文字の解釈について、新たな突破口を見出した。

それは高位高官でも、刑を科せられて罪人として死ぬときは、「薨《こう》」でも「卒《そつ》」でもなく、たんに「死」と書かれるということだ。

ここで『古今集』の序文を思い出してほしい。

序文には「正三位柿本人麻呂」と書かれていた。

高位高官説はこの序文と矛盾しない。

もっとも梅原氏は生前の人麻呂が正三位だったとは考えておらず、この位はのちに人麻呂が復権を果たしたとき、追贈されたものであるとしている。このような例は日本の歴史に数多くある。たとえば、菅原道真《すがわらのみちざね》、早良《さわら》皇太子、大伴家持《おおとものやかもち》ら、いずれも生前あるいは死後、無実の罪を着せられ、のちに祟《たた》りへの恐怖から生前より高い位を授けられている。

人麻呂も同じだと梅原氏はいう。

ここで『古今集』と通説のもう一つの相違にふれておこう。

それは序文で、時代の異なる平城《へいぜい》帝と人麻呂が、同時代に存在したと読める箇所である。ここでは常識ではありえないことが述べられている。それが正三位人麻呂という記述も間違いであるとする有力な根拠になっている。

▲大伴家持

梅原氏はこの点を次のように解釈した。

この序文は、人麻呂と平城帝が同時代にいたといっているのではない。平城帝の御代に柿本人麻呂が歌聖であった（この時点で歌聖として認められた、あるいは復権した）ことを述べているのだ。この時代に人麻呂は正三位を追贈されたと考えればよい。また「きみもひとも身を合わせた」という箇所は、美の理想の一つの極致《きょくち》を述べているのであって、時代を超えて二つの魂（人麻呂と帝）が感応したことを表現しているにすぎない。序文のどこを見ても、人麻呂と帝が同時代に生きた人間としているわけではない。

ここで、先ほどの序文の一部を、梅原氏の考えに沿って訳しなおすと、

「このように昔から歌の道は伝わってきたのだが、（とくに）平城《なら》の帝（平城天皇）の御代に広まった。その時代に歌は広く人々の心をとらえたのである。そのとき、柿本人麻呂は正三位であり（正三位を贈られ）、歌聖として認められた。これは、歌の道で帝と人麻呂が（時代を超えて）魂を感応させたというべきだろう——」

これならば何もおかしいところはない。

梅原氏以前の学者も歌人も、これが詩集の序文であることをあまりにも軽視していたのではないか。詩のなかには文学的誇張も詩的真実もある。通常の常識では正しいと認められないことも、詩のなかでは一つの真実として生きるのである。

詩集の序文でも、そのような部分があっても少しもおかしくはないのである。もっとも、これはコロンブスの卵で、梅原氏の所説に接したからこそ、いえることである。そ

の点、自戒も込めていうのだが、いままでの解釈はあまりにも底の浅い理性に頼りすぎていた。

たとえば、詩人が「空が白い」と書けば、それは詩的世界における真実なのであって、いかに科学的に「空は白くない」ことを証明しても無意味である。序文のこの部分の解釈において、これまでの人は薄っぺらな常識あるいは理性を用い、表面の意味にとらわれすぎていたのではないか。

また、人はそういう理性を用い、古来から伝わった貴重な伝承や文献の内容を、あるいは修正しあるいは削除して形を歪《ゆが》めてきた。

思うに、これは誤った啓蒙《けいもう》主義の所産であろう。福沢諭吉は神社の御神体をひっぱり出し、それを沢庵《たくあん》石と替えておき、それに頭を下げている人間を嘲笑《ちょうしょう》した。しかしなぜ、石が神体とされたのか、それを追求するのが学問であり科学であるという視点はなかった。同じようなことが文学の世界でも起こっていたのである。

昔、文学はすべての学問の母であった。

歴史も哲学も、ある意味では宗教さえも文学に包含《ほうがん》されていた時代があった。この時代の文学を研究するのに、浅薄《せんぱく》な合理主義はかえって害になる。あらゆる学問を総合した巨視的な見方こそ、古代を解明する最善の視点である。これが、おそらくは梅原日本学のもたらした最大の教訓である。

「人麻呂の正体」をめぐる反響

話がわき道にそれてしまった。もう一度、人麻呂の話に戻ろう。

梅原氏は、さらに、その卓越《たくえつ》した史眼で、人麻呂の正体に迫る。

人麻呂が高官だとすると、もう一つ困ることがある。五位以上の官人ならば、それが正史に記載されるべきなのに、人麻呂という名は一度も正史に出てこないという点である。

じつは、この時代の正史にはきわめて遺漏《いろう》が多く、五位以上であっても書き落とされている場合が間々《まま》ある。しかし、それにしても人麻呂ほどの有名人が、正史に載る資格(五位以上)がある以上、書き落としということは考えにくい。

ではなぜ、人麻呂は正史にその名を見せないのか。

梅原氏は、それを人麻呂が刑罰によって名を改められ、その別名で載せられているからだとする。

じつは『日本書紀』と『続日本紀《しょくにほんぎ》』に一回ずつ、柿本猨《さる》（佐留）という人間が出てくる。

とくに『続日本紀』和銅元年の記事に、

壬午《みずのえうまのひ》、従四位《じゅしい》下《げ》柿本朝臣《かきのもとのあそん》佐留《さる》卒《しゅっす》（死）

とあることに着目し、これがちょうど人麻呂の死んだ時期と一致することから、このサルこそ人麻呂の変名であり、罪人とされた人麻呂がサルという醜《みにく》い名前に強制的に変えられたとするのである。そして、その傍証として猿丸大夫《さるまるだゆう》の伝承をとり上げる。

▲猿丸大夫

猿丸大夫は「百人一首」にも選ばれている伝説の歌人だが、作品は確かなものが一つもなく、いつの時代の人かもわからないという謎《なぞ》の人物である。梅原氏は、これは伝説における人麻呂だとする。人麻呂が伝説のなかではサル（サルマル）という名で活躍しているのだと考えるわけである。たしかにこの猿丸大夫は確証のある作品はなにもないのに、伝承においては歌の名人とされてきた。

その謎も、正体が人麻呂であると考えれば氷解するのである。

さて、ここで梅原氏の人麻呂に関する所説をまとめてみよう。

一、人麻呂は石見国で水死した。それもただの水死ではなく、処刑による水死である。

二、人麻呂は通説のように下級官吏（舎人《とねり》や地方官）ではなく、かなり位の高い人物である。

三、人麻呂は政治的犯罪者とされ流罪《るざい》にされた。

四、人麻呂は正史にはサルという名で登場する（人麻呂は強制的にサルと改名させられた）。

それぞれの論拠をあげておこう。

一は「鴨山《かもやま》五首」の解釈による。この五首を字義どおり素直に解釈すれば、水死しかも処刑という結論が導き出される。

二は、おもに『古今集』の序文である。当代随一の学者であり歌人でもある紀貫之《きのつらゆき》が、人麻呂は正三位だったと書いているのである。それが死後追贈されたものだとしても、生前の人麻呂が少なくとも下級官吏であったとは考えられない。

三、そのような人麻呂が都を遠く離れた石見国で死なねばならなかったとしたら、それは流罪による結果としか考えられない。また、その罪はおそらく政治的犯罪で、しかも冤罪《えんざい》である。無実の罪で非業《ひごう》の死を遂げたからこそ、死後、神に祭られたのであって、たんに歌がうまいというだけでは、神とされることはない。

四、流罪人ならば名を強制的に醜いものに変えられても不思議はない。

このほかにも梅原氏は、加茂真淵《かものまぶち》以降の通説が人麻呂は五十歳未満で死んだとしているのを誤りだとし、伝承どおり六十歳以上まで生きたと主張している。

私は、人麻呂論を梅原氏以前と以後に分けてもいいと思っている。それほど氏の理論は卓越しており、人麻呂に関するさまざまな矛盾や謎をみごとに解明している。

では、この梅原理論に対して、専門の国文学者の集団――学界はどのような反応を示したか、残念ながらその大勢《たいせい》は否定的だった。

しかも、その否定の仕方ははなはだ非論理的であり、かつヒステリックなものだった。反対論の代表である益田勝実氏は雑誌で『水底《みなそこ》の歌』は「黙殺するか、空想的読み物として大いに楽しむか」とまで述べている。つまり学問的価値はゼロであると断定しているのである。ほんとうにそうなのか。もしそうならばいままでここに紹介してきたことは、すべて紙のむだであったということになる。

もちろん、けっしてそうではない。

余談になるが、日本ほど学問の世界において専門家が軽んじられる国はないという人がいる。私も、素人《しろうと》が専門家の領域に安易に口を出すべきではないとつねづね自戒している。

しかし、この点に関しては、あえて繰り返すが、けっして梅原理論は学問的に無価値ではない。それどころか、真淵以降の万葉学の最大の収穫といっても過言ではないと思う。

では、なぜ、益田氏のように断ずる人が多く存在するのであろうか。

正直いって、私にはよくわからない。

だが、専門の国文学者でない梅原氏に、あまりに画期的な新説を提出されてしまったので、専門の学者としては立つ瀬がない。その悔《くや》しさといまいましさが、黙殺や非論理的な反発につながっているのではないか。

そうだといってしまうのはいいすぎだろうか。そこまで考えるのは邪推《じゃすい》であるかもしれない。むしろ邪推であってくれたらいいとさえ思う。真理を探究する学問の世界がそうであってはほしくないからだ。だが、日本の学界には呆《あき》れ返るほど封建的な陰湿さが残っていることを、私は知っている。

一方、梅原氏の理論に賛意を表する学者もいる。人麻呂刑死説を認めた国文学者の中西進氏もその一人だが、その中西氏の著書のなかにこういう一節がある。

「この説は十分に衝撃的で多くの話題をよんだが、学界の大勢は否定的である。私は氏の学問の基本のところにきわめて重要な指摘があるので、それに賛意を表したところ、梅原説もだめだが、それに賛成する中西もだめだと非難する言説が現われた（と知人が告げてくれた。未見である）」（中西進『万葉の歌びとたち』角川書店刊。傍点筆者）

これは学界の側に身を置く人の発言である。これで梅原理論に対する学界の空気がどのようなものか、わかっていただけるだろう。断っておくが、中西氏は梅原理論に全面的に賛成しているわけではない。そのなかの一つである人麻呂刑死説は正しいといっているのである。

また梅原氏が「鴨山五首」を実際に人麻呂やその妻が詠んだ歌としているのに対し、中西氏はこの五首は伝説歌であるとしている。しかし、中国の詩との比較研究によって、中西氏はこの歌が処刑にのぞんだ人間の詠んだ歌であることは間違いないとし、伝説にせよ人麻呂の名でそのような歌が残されている以上、刑死したかそれに近い状況で死んだと推測されると考えているのである。

ともあれ、専門の国文学者でさえ、少なくとも一部は正しいと考える説が、どうして別の学者からは学問的価値がゼロであるという評価がされるのであろうか。

私はこの稿を書くに当たって、もう一度、益田氏が『水底の歌』を評した随筆（？）とそれに反論した梅原氏の文を読んでみた。「文学のひろば」（岩波書店刊『文学』一九七五年四月号）が益田氏の評であり、「『水底の歌』のアポロギア」（同一九七五年十月号）が梅原氏の反論である。

そして公平に見て、やはり益田氏の評には梅原氏の欠点を誇張した意識的な侮蔑《ぶべつ》があると思った。私の見方に誤りがあると思う方は、どうか前述の双方の論文を図書館のバックナンバーで見ていただきたいと思う。

人麻呂の思想の根本は平和への願い

もっとも、この論文には、どう見ても益田氏の言い分に理がある箇所もある。それをいわねばフェアではあるまい。

慧眼《けいがん》な読者はすでに気づかれたかもしれないが、梅原理論によれば、人麻呂はサルという おとしめられた名を与えられ処刑されたことになる。しかし、正史はその死亡記事を「柿本朝臣佐留卒」と書いている。

もし人麻呂が罪人サルならば、その死は絶対に「卒」という文字は使われないはずだ。逆にもしこの史書（『続日本紀』）が編纂《へんさん》された時代に人麻呂が復権していたとしたら、当然、変名の「サル」ではなく本名の「人麻呂」が「卒」したと書かれているべきだというのである。しかし、実際はそうではない。だから人麻呂はサルではないのだ——というのが益田氏の反論の最も重要な部分である。

たしかにこの点は梅原理論の弱点である。

この点については、中西氏も前述の著書のなかで、「サル」とはむしろ柿本氏にとって由緒ある名ではないかという考えを述べている。

私見を述べれば、私も「サル」がそれほど悪い名、醜い名であるとは思えない。古代はむしろ動物や虫の名前を人名につける例は多くあったと考えられるのだ。少なくとも極端にひどい名前であるとは思えない。

この点についてはあとで考えるとして、益田氏の反論をつづけよう。氏の反論は、ここまではいちおう筋が通っていた。ところが、これから先がおかしくなる。氏は「人麻呂＝サル」説は認められない、だから他の「人麻呂高官説」「人麻呂水死刑説」も成立せず、よってこの本はすべて学問的に無価値である、と主張するのだ。

これはどう考えてもおかしい。たしかに梅原理論におけるそれぞれの新説は相互に有機的な関連をもっている。だからといって、一つが否定されたら他が全部否定されてしまうというものではない。

たとえば「人麻呂水死刑説」だが、これは「人麻呂サル説」が成立しなくても、それとはまったく無関係な、「鴨山五首」の解釈だけで十分に論証できるのである。もし益田氏が『水底の歌』の所説がすべて無価値であると判断するなら、一つ一つの説をそれぞれに論破しなくてはいけない。それなのに氏は梅原理論の一部がおかしいという理由で、他を全否定しようとしている。そこには論理の大飛躍がある。一部に欠点があるからといって、それを理由に他の全《まった》き部分を全否定することを、日常われわれは「あら探し」といい「いいがかり」というのではないだろうか。

言葉が過ぎたかもしれない。

それよりも、この「人麻呂サル説」と『続日本紀』の記述が矛盾する点を、どのように解決するかだ。

梅原氏は『水底の歌』につづく『歌の復籍』という著書で、この点について、『続日本紀』が編纂《へんさん》される以前に罪人人麻呂の復権が行なわれたからだとしている。赦免《しゃめん》があった以上、それ以後は罪人ではないのだから「佐留卒」と書いてもいいことになる。

しかし、あえて私見を述べれば、私はこの説明でもまだ弱いと思う。サルという名が侮蔑的イメージでとらえられすぎていると思えるのだ。私はむしろ、梅原氏も前述の論文で述べているように、サルのほうが本名で、人麻呂は追贈された名か別名であると考えたほうがいいと思う。

すなわち、本名柿本サルという男が非業の死を遂げ、神に祭られるに当たって人麻呂という名を奉《たてまつ》られたのではないかということだ。そのほうが論理の筋が通るのではないか。

以上、主として梅原氏の新説を中心に人麻呂の謎の生涯について考察してきたが、ここで根本的な疑問が出てくる。

それは「人麻呂はなぜ刑死せねばならなかったのか」という問いである。これまで、私はそれに対して「政治状況」というじつに曖昧《あいまい》な言葉を使ってきた。しかし、これではなんの説明にもならないし、当時の状況を分析しなくては人麻呂の本質が理解できないという人もいるだろう。

しかし、私はかならずしもその意見には賛成ではない。詩人は、独立したその作品だけで評価すべきだという考えは、前にも述べた。

しかし、人麻呂自身もそう考えていたかどうかは疑問である。

われわれには、文学は政治とは独立した無縁のものであってほしいという願望がある。文学が政治にかかわるのをきらい、政治が文学にかかわるのをこれまたきらう。文学とは詩とは、芭蕉《ばしょう》がいったように、夏炉冬扇《かろとうせん》であるべきだ。これがわれわれの強固な伝統的精神である。

しかし、たとえば隣の中国においてはけっしてそうではない。古代中国においては、いや現代もそうだが、「文章は経国《けいこく》の大業」である。詩文はあるときは権力に対する最も危険な凶器となる。中国の詩の歴史は、血塗られた抵抗の歴史でもある。日本でも、おそらく古代はそうだったのであろう。

誤解を恐れずいえば、人麻呂は一個の思想家であり、イデオローグ（観念論者）であったにちがいない。彼は彼自身の思想を高らかにうたい上げ、それを時の権力にぶつけ対立した。そして、彼が類《たぐい》まれな詩才をもっていたばかりに、その力を恐れられ、時の権力に流され、殺されたのであろう。

大胆に想像すれば、日本の詩や文学が、政治とのかかわりを避けるようになったのは、人麻呂以後のことかもしれない。その意味で、人麻呂は日本で最初の最高の詩人であるとともに、独自の立場をもった詩人だったのではないか。

彼の思想とはなんだろう。

その根本にあるのは平和に対する希求《ききゅう》ではないか。彼はおそらく戦争体験者である。その原体験のなかに、当時日本最大の内乱であった壬申《じんしん》の乱があるのではないか。

この乱では、昨日までの政府軍が敗れ、反乱軍が勝っている。その滅亡した都、近江京を過ぎるときの歌は前に紹介した。彼には二度とこのような悲劇を繰り返すまいとの決意があったと思える。そして、その決意が国の安定への志向を生み、それが天皇の権力の強化を願う心につながっていったのだろう。

大君《おほきみ》は神にし座《ま》せば天雲《あまくも》の雷《いかつち》の上に廬《いほ》らせるかも　（巻三・二三五）

このような天皇賛歌をうたったことから、人麻呂はかつて御用詩人とよばれたことがあった。

▲文武天皇

しかし、人麻呂が天皇の賛歌をうたい、帝権の強化を念じたのは、二度と戦乱の世の中に戻りたくはなく、そのためには、天皇中心の国家の基礎を固めればいいと考えたのではないかと思う。

ここに『万葉集』に一首の歌も残していない政治家がいる。人麻呂と同時代の藤原不比等《ふひと》である。

不比等は漢詩はつくるが和歌はつくらない。少なくとも『万葉集』には残していない。

この人物について、一つの象徴的事実がある。不比等が権力を掌握《しょうあく》したと思われる文《もん》武《む》天皇の時代、あれほど盛んだった宮廷に対する賛歌がうたわれなくなった。この期間は二十数年間である。

この間、人麻呂は都から姿を消す。

日本を法の支配による律令《りつりょう》国家としてつくり上げ、のちに娘を皇后にし天皇の外戚《がいせき》となった政治家藤原不比等は絶頂のときを迎える。

その不比等も養老《ようろう》四年（七二〇）に死ぬ。

その死とほぼ時を同じくして宮廷賛歌は復活する。

しかし、その歌にはもうほとばしるような才能のきらめきはなかった。詩人人麻呂はすでにそれより十年近く前、永遠の眠りについていたのである。人麻呂の死によって、一つの時代が明確に終わりを告げていたのである。

親鸞、道元の教えはなぜ広まったか

「教団」をもたず「葬式」もしない

親鸞《しんらん》を開祖とする浄土真宗《じょうどしんしゅう》と道元《どうげん》を開祖とする曹洞宗《そうとうしゅう》は、平安時代までの貴族階級しか相手にしない旧仏教に対抗してはじめられ、その平明さから大衆の熱狂的な歓迎を受け、あっという間に庶民や下級武士に広がり一大勢力になった。

――これが一般のいだいている常識的なイメージである。しかし、これは間違いである。どこが違うかというと、すぐに広まったというところだ。

実態はそれどころか、この両者の教えは一時は滅亡する寸前までいったのである。うそでも誇張でもない。これは歴史上の事実である。

しかし、現在この両宗が仏教の大勢力であることも紛《まぎ》れもない事実である。寺院の数だけでいうなら、曹洞宗系の寺院は全国に一万五千余もある。

これは単独宗派としては最大の数で、信者数では日蓮正宗《にちれんしょうしゅう》に劣るものの、寺院数では浄土真宗系の東・西本願寺ですら及ばない（東が九千余、西が一万余、合わせれば二万でようやく上回る）。つまり教団としては大発展しているわけだ。

では一度滅亡に瀕《ひん》した両宗が、どうしてここまで発展したか、そもそも滅亡に瀕した原因はなんなのか、そのへんから探っていくことにしよう。

滅亡に瀕した理由は、ある意味で非常に単純である。親鸞も道元も、この二人の宗教的行き方というのは非常に対照的だが、共通していることが一つあって、それは教団というものを認めなかったことにある。

現在の本願寺の大伽藍《がらん》や永平《えいへい》寺の壮大な禅堂、それに参詣《さんけい》する多数の信者を思うと、なかなか信じられないことだが、これも事実である。

▲親鸞

親鸞は生涯旅から旅に明け暮れ、自分の本拠というべき寺をもたなかった。本願寺というのは彼がつくった寺ではなく、彼の墓を中心にその子孫がつくったのである。しかも、親鸞はいわゆる旧仏教の「本山末寺制度」に批判的だった。弟子をとるという考え方もしなかった。

たとえば有名な『歎異抄《たんにしょう》』を書いた唯円《ゆいえん》は、後世のわれわれからみると親鸞の弟子であるとしかいいようがないが、親鸞自身は同じ念仏の道を歩む者を「御同朋御同行《ごどうぼうごどうぎょう》」とよんでいた。現代語に翻訳すれば「同志」だろうか。ここには上下関係はない。少なくとも法主《ほっす》がいて、その下に役僧がいて一般信徒がいる、というかたちとは無縁だった。なぜなら彼らの信仰する阿弥陀如来《あみだにょらい》というのは絶対神で、そのもとではすべての人間は平等だからだ。「偉い」人間、「高貴な」人間というのはそもそも存在しない。だから、親鸞は僧と俗人の区別をやめてしまった。

僧というのは一般人に比べて戒律を守り（妻を娶《めと》らず肉も食わない）、それゆえに尊い存在なのだが、絶対平等の立場をとる親鸞はそんなものは認めない。僧でも肉食妻帯してもいいことにした。そしてみずからを凡夫《ぼんぷ》とよび愚禿《ぐとく》と称した。

つまり僧といえども、一般の信徒となんら変わりないという道を選んだのである。ちょうどキリスト教において、カトリックの神父が妻帯せず、聖職者という一つの階級を構成しているのに対し、プロテスタントの牧師は結婚し子をつくり、あくまで信徒の代表というかたちで神と接しているのに似ていよう。いまでこそ僧の肉食妻帯は当たり前だが、当時としては革命的なやり方だったのである。

道元の行き方はこれとはまったく異なる。道元は人間が修行（努力）によって、限りなく仏（絶対者）に近づけると考えた。いや仏そのものになれると考えた。それゆえ道元の思想は平等思想にはならない。親鸞のようにすべて凡夫と考えれば平等だが、人間は凡夫ばかりでなく、修行によっては仏になることもできる人間もいることになる。そういう人間と凡夫は明らかに違う。親鸞においては救いを求めるということは念仏することだが、道元においてはなにをおいてもまず出家すべしということになる。僧になって座禅をすることが唯一の道なのだ。

唯一というのは、たとえば出家せずに家業に精を出し、ときどき座禅するというのではだめなのである。出家して悟《さと》りを開かなければいけない。はっきりいえば、ふつうの人には絶対無理なことだ。地位も財産も名誉も妻子も捨てなければならない。しかも、もう一つおまけがある。女は絶対に成仏《じょうぶつ》できない。まあ失礼な！　と目くじらを立てられても困る。仏教はもともと女人《にょにん》に対して冷淡なのだが（詳しい理論的説明は省略する）、道元もこの路線を継いでいる。

さらに両者の共通点をあげれば、葬礼というものを軽視したことである。たとえば信者のだれかが死ぬ、葬式をやってもらおうと二人のところへ行く。

供養《くよう》のためにお経を読んでくれといっても、二人ともやってはくれないだろう。親鸞にとっては念仏とは供養のためにするものではない。それをとなえることによってなにか効果が期待できる呪文《じゅもん》でもない。だから葬式というものはあんまり重んじないし、そのために経を読むこともない。道元はもっと極端で、座禅こそ唯一の成仏の手段であるとする。だから、一般人が死者のために経を読んでくれと頼んだら、とっとと帰れと追い返したかもしれない。

いまどきの坊さんは「葬式の主宰《しゅさい》者」というイメージしかないが、なんという違いだろう。

しかし、これでは大衆性はゼロである。葬式をしなければ一般信徒とのつながりは保てない。もちろん、下世話《げせわ》な話だが、金銭的収入もない。これでは教団などできるはずもない。

ところが、いまは両者を開祖とした大教団組織が実在するのである。

「宣伝」なくしては「教え」は伝わらない

これが「謎」だということがおわかりいただけただろうか。

当然、だれかが路線を変えたとしか考えようがない。これは「大衆化路線」ということだが、これはある意味で宗祖の方針に反する行為である。われわれは、親鸞、道元の鎌倉新仏教が旧仏教にはない大衆性をもっていたため、ただちに爆発的に広まったと考えがちである。だが、実際はそうではなく、その後継者が、教団には否定的な宗祖の意思を知りつつ、教義に新たな解釈を加えたため、はじめて大教団に発展したのだ。

じつは、宗教とはそういうものなのである。現代の日本人の間には、一つの迷信がある。「思想でも事物でも、それがすぐれたものであるならば宣伝などしなくても、その真価は世に知られる」という考え方である。

一方、この対極にある考え方は、「宣伝しないということは存在しないということだ」という明言（?）だろう。だれの言葉かは忘れたが、たしか宣伝業界の関係者だったと思う。日本人全体からすれば、この言葉に反感をいだく人のほうが多いと思う。この反感の底にあるのは、お気づきでないかもしれないが、広い意味での広報、宣伝を軽視ないしは軽蔑《けいべつ》する考え方である。

では、ほんとうのところはどうかといえば、「宣伝しないものは存在しない」のほうが正しいのである。日本人は先にも述べたように、こう思いたがらない傾向があるのだが、それは間違いであり、国際的にみてもこのことで大きな損をしている。

もっとも一方的にそうだと主張しても、納得《なっとく》しない向きもあるだろう。ほんとうに「宣伝しないものは存在しない」のか、いわゆる世界の大宗教でもそうなのか?

古代に発生した宗教（哲学）はすべてそうである。

検証してみよう。そこでクイズを一つ。釈迦《しゃか》、ソクラテス、イエス（キリスト）、孔《こう》子《し》の四人に共通するものはなにか。世界の四大聖人？　もちろん違う。もう少しわかりやすく問えば、この四人が共通してやっていない行為はなにか、ということである。結婚？　それも違う。イエス以外は結婚の経験がある。もっと文化的な行為で、現代の知識人とよばれる人ならまず手をつける行為である。その行為を四人が四人ともやっていない。それはなにか？

焦《じ》らすのはやめてお答えしよう。

本を書いていない（著述を残していない）ということなのである。

えっ、と耳を疑う人もいるかもしれないが、これは事実である。

わかりやすい例からいくと、まずイエス・キリスト。彼は自分で本を書き、神の教えを伝えようとしたのではない。ただ、人々にそれを説いたのである。その言葉を弟子たちが記録して文書にしたものが『聖書』（新約聖書）である。イエス自身が書いたのではない。

釈迦もそうだ。彼も自分の教えはこうだと、書物を書いたりはしなかった。弟子たちがその言葉を後世に残したのである。彼の言葉の記録した書物とは、いわゆる「お経」であるが、お経の名にはしばしば「仏説」という言葉が冠せられている。仏説××経、つまり「仏（釈迦）の説きたまいし」××経という意味だ。そして、その中身を見ると、書き出しは「如是我聞《にょぜがもん》」という言葉ではじまっていることが多い。「是の如《かく》く我聞けり」「わたし（記述者）はこのように聞いている」という意味で、このあとに仏（釈迦）はどうした、こうした、という話がつづく。つまり伝聞なのである。孔子も同じことだ。

あの『論語』の書き出しを思い出していただきたい。「子曰《しのたま》く」つまり「先生はこうおっしゃった」ということではないか。これも弟子たちの編集した記録なのである（かつて『春秋《しゅんじゅう》』や『孝経《こうきょう》』が孔子の著述ではないかとされたこともあったが、現代の学者は否定的である)。

これらすぐれた弟子が一生懸命に記録し宣伝しなければ、彼らの教えは後世まで残らなかったろう。——いや、それは教えの内容がすぐれていたからだ、弟子たちがいくらがんばっても、内容が悪ければどうしようもない、との反論があるかもしれない。しかし、それをいうなら、まず問題にしなければならないことがある。弟子たちの伝えるように、彼ら教祖はほんとうにこんなことをいったのか、実説は正しく伝えられているのか、ということだろう。親鸞と道元の教えに対しても同じ問いをしてみよう。

彼らの教えは、現存の教団に正しく継承されているか?

答えは一〇〇パーセント継承されているとはいえない、というべきだ。

ただし、それは教団側が悪意をもって教祖の教えを歪《ゆが》めたのではない。むしろ教祖の説には欠陥があり、それを修正したと考えたほうが妥当である。ただ、教祖の不名誉になるので、その欠陥を声高《こわだか》に指摘しないだけのことだ。その欠陥とは先にも述べた「教団というものを無視ないしは軽視する発想」である。

親鸞が教え、覚如が伝える

そもそも「すぐれた教えがそこにある」ことと「それを広める」ということは、まったく別のことである。

親鸞は「すぐれた教え」はもっていたが、「広める」ための組織をつくろうとか方法論を開発しようという発想はまるでなかった（ちなみにイエスにも釈迦にも、自分の教団をつくろうという発想はなかった）。だから、親鸞の教えは一時滅亡の危機に瀕《ひん》した。これはどんな学者も認める歴史的事実である。

これではいかん、とばかりに親鸞の弟子の覚如《かくによ》は改革に乗り出した。まず教団の確立が先決だと考え、それまで親鸞の墓所という意味しかなかった大谷《おおたに》廟堂《びょうどう》（京都・東山区）を本願寺という寺院に昇格させた。教祖親鸞が生涯本拠の寺をもたなかったのとじつに対照的である。もう一つ打った手というのがまさに破天荒《はてんこう》な手であり、本願寺を大教団に発展させる決め手となった。

それは親鸞の真実の子孫（つまり覚如自身）だけが、親鸞の教えの正統な後継者であり、それゆえに権威があり尊く、最終的な解釈権も子孫のみに継承されるとしたのである。この意味がおわかりだろうか？　これは一種の家元《いえもと》制度である。

親鸞の子孫だからといって、その教えを最も正しく理解しているとはかぎらないし、それを財産のように独占できるはずもない。剣術などと同じことである。それなのに覚如はそうした。

そして特筆大書しなくてはいけないのは、そうすることによって民衆がついてきたということである。「寺はつくるな、わたしも同志の一人」と親鸞はいった。だが、そうしている間はこの教えはまったく流行《はや》らなかった。家元という権威、寺院という組織を創設することによって、はじめてその基礎が築かれたのである。

ただし、本願寺が爆発的に発展し、隆盛をきわめるのは、戦国時代の蓮如《れんによ》が「講」というシステムで信者の組織化をはかり、「御文《おふみ》」という非常にわかりやすい宣教文書を使って以後のことだが、基礎を築いたのはあくまで覚如である。

ところで家元制度とはなにに由来するのかといえば、血統信仰であり、さかのぼれば結局天皇制に行き着く。血統信仰の本家本元が天皇制なのである。だが、そもそも仏教本来のあり方からみると国王も平民も立場は同じであり、親鸞の教えはそれをさらに徹

▲**大谷廟所**　親鸞は鳥辺野で火葬にされ、のちこの地に移された

底化したものだから、天皇制否定にならなければおかしい。

王というものはあくまで世俗の権威であり、絶対神である阿《あ》弥《み》陀《だ》如来《にょらい》の前にはすべて平等である。ところが覚如は、その天皇制を仏教の世界にもち込み、そのことによって教団大発展の基礎を築いたのである。まさに逆説的な手である。破天荒といったのはこの意味である。

日本では本質的には天皇制に相反する教えであるから、「家元制度」を用いて権威化、組織化しなければ発展しなかったということだ。

道元の教えは一度滅んだ？

さて、次は道元にいこう。ここまでで読者は、道元の教えが広まったということにさらに大きな不思議を感じないだろうか。

親鸞は教団をつくることを否定したが、その教えのなかにはもともと大衆性があった。念仏をとなえるだけでよく、肉食妻帯も許され、女人も救済の対象となり、しかも教えは平明な言葉で説かれる。いわば、民衆の宗教という側面を最初から保持していた。

しかし、道元の教えにはこれが全部ないのである。出家して厳しい修行を積まねばならず、女人は救済の対象にならず、教えは難解な言葉で語られわかりにくい。

道元の主著『正法眼蔵《しょうぼうげんぞう》』は、難解なことではおそらく本邦随一だろう。しかも、覚如が打った妙手、つまり「天皇制」の導入もできない。なぜならこの教えでは妻帯を許していないので、子孫が生まれない。道元も当然独身のまま死んでいる。「高貴な血筋」というものが宗門内に存在しないのである。

この、ないない尽くしのなかから、よくもまあ教団を発展させられたと思うのだが、そこはそれ、道元の後継者のなかに、本願寺の覚如《かくにょ》、蓮如《れんにょ》に匹敵する（あるいはそれ以上の）天才がいたのである。この天才によって曹洞宗というものがはじめて生まれたといってもいい。

道元自身は自分の教えを「曹洞宗」という言葉でよばなかった。おそらく自分の信仰が最も正しい教え（正法）だと信じていたから、ほかと区別する名は必要ないと考えたのだろう。

しかし、これでは社会性はゼロである。あなたの宗派は？　いえ、名前はありません、では通用しない。名を考え、寺院を整備し、民衆をも参加できる組織をつくらねば大宗派には発展しない。だから、道元の教えは親鸞と同じく滅びかけた。いや、事実上滅んだのではないかとすら、私は思っている。道元の研究は親鸞ほど進んでいないので、断言はできないが、その反大衆性からみてもまず一度滅亡したのではないか。そして、それを復活させたのが先ほど述べた天才である。

▲道元

このいい方は独断にすぎるようだが、論拠らしきものはある。もしも、あなたの家が曹洞宗の檀家《だんか》なら、こんど法事のときにでもお坊さんに聞いてみてください。「曹洞宗でいちばん偉いお坊さんはだれか?」と。答えは「道元」ではない。いや、それでは不十分なのである。正解は、「道元と瑩山《けいざん》」である。それはいわゆる「中興の祖」ということなのか、とあなたはいうかもしれない。正確にいえば違う。たいていの宗教には中興の祖(途中で宗教を再び隆盛に導いた人)がいるが、この扱いはいかに功績があったといっても宗祖よりは下である。いちばん偉いのは宗祖(開祖)であって、本願寺でもこれは同じだ。親鸞に比べれば、覚如も蓮如も一段格下である。

ところが、曹洞宗において道元と瑩山はまったく同格なのである。称号も道元が「高祖」なのに対し、瑩山は「太祖」、両者とも「大師号」をもち、ご丁寧に大本山まで二つある。ふつうは総本山が一つしかなくそこに宗祖が祭られているのだが、この宗派は永平寺と総持寺という二つの大本山があり、それぞれ高祖と太祖が祭られているのである。これは他に類をみない破格の扱いである。だから、私は道元の教えは一度滅んだのではないかと思うのである。そして、それを瑩山がゼロに近い状態から復興した。つまり実際上の開祖である。こう考えてこそ、この破格の扱いが理解できる。

では、瑩山はいったいどうやって曹洞宗を隆盛に導いたのか、一言でいえば民間信仰を大胆にとり入れたのである。

恐山円通寺《えんつう》（イタコ市）、茂林寺《もりん》（分福茶釜の寺）、可睡斎《かすいさい》（秋葉三尺坊）、妙厳寺《みようげん》（豊川稲荷）――これらの民間信仰のメッカは、すべて曹洞宗の寺院である。正確な寺号よりもカッコ内の通称のほうが知られている。いずれも道元の教えにはないものだが、瑩山はこうした民間信仰をとり入れる道をはじめて開いたのである。さらに加持祈祷《かじきとう》（いわゆる「お祈り」「まじない」）をも教化のために利用した。道元の教えをどうひっくり返しても、加持祈祷というのは出てこないはずだが、そこは「人を見て法を説け」という釈迦のひそみに倣《なら》ったのだろう。

もちろん道元以来の厳しい修業体制も残す、その一方で葬式もする法事もする。女人の経済も請け負う。これによってようやく、曹洞宗は大発展したのだ。

親鸞の教えも道元の教えも、あまりに非妥協的《だきよう》で純粋でありすぎた。譬《たと》えていえば、それはウイスキーの原酒のようなものだ。老若男女だれもがひと息で飲めるというものではない。しかし、これを水割りにして、十倍に薄めれば十人が飲むことができる。百倍に薄めれば百人が飲むことができる。覚如がそして瑩山がやったのはこういう作業である。

薄められたとはいえ、それは水ではなくあくまで水割りである。もともとのエキスは入っている。しかし、もとのものとまったく同じではない。違うものでもない。そういう作業を経なければ、どんなに価値あるものでも決して大きくはなれないものである。

もし、この歴史から学ぶことがあるとすれば、それに尽きるといってもいい。

軍師・山本勘助の実在否定の謎

勘助《かんすけ》は伝説上の人物か？

世の中には不運な人がいる。

立派な業績をあげてもなんとなく無視され忘れ去られ、あまつさえその存在すら否定され、抹殺《まっさつ》されてしまうような人、あなたも一人ぐらいは心当たりがあるかもしれない。

歴史上の人物にもこれがある。もちろんその人物にはなんの責任もない。ただ後世の、歴史を見る人の目が曇っているため、不当な扱いを受けるのである。

山本勘助（介）もその一人である。

ＮＨＫの大河ドラマ「武田信玄」（昭和六十三年）をごらんになった方はよくご存じであろう。しかし、実像とはかなり違う。原作者の新田次郎氏が相当に改変している。

ではなぜ変えたか？

日本歴史学会が編集している「人物叢書」（吉川弘文館刊）のなかに『山本勘助』はない。『武田信玄』（奥野高広著）はある。それを見ると、勘助について次のような記述がある。

「勘助については弁護説もあるが、伝説の人物とみるべきである」

これが学界の定説である。

つまり学界では「山本勘助は歴史上実在しなかった」という態度をいまも頑《かたく》なに守っている。その影響を受けて海音寺潮五郎氏は、上杉謙信を描いた小説『天と地と』に勘助を登場させなかった。

新田次郎氏は登場させたが、従来とは異なる新しい勘助像をつくり出した。小説『武田信玄』のあと書きで新田氏は次のようにいっている。

「私は武田信玄を書くに当たって、なるべく史料に忠実であることを願った。（中略）武田信玄があれだけの大事を為すに当たっては、必ず、情報機関を持っており、その中には優れた人間が数多くいたことはまちがいないから、そのかくれた人たちを代表して山本勘助を登場させたのである」

つまり「史料に忠実」であろうとすると勘助は書けなくなる（学界は勘助の実在を否

定している)。それゆえ情報機関の「代表」として勘助を登場させるという手段をとらざるをえなかった、ということなのである。

だから、あれは新田氏独自の勘助像である。

ここでお断りしておくが、私も『信濃《しなの》戦雲録』という小説で勘助を登場させ、その小説では「軍師」として勘助を縦横無尽《じゅうおうむじん》に活躍させている。

しかし、ここでの勘助も私のつくった勘助像であり、これから書く実像(と私は信ずる)とは異なるものである。

井沢某は小説で書いていることと、ここで書いていることが全然違うといわれても困るので、一言お断りしておく。

小説はあくまでフィクションだが、これから書くのは「史料に忠実」(?)な勘助である。

江戸時代の軍学書が軍師の鑑にした

前置きが長くて恐縮だが、では近代以前の勘助像、近代史学によって抹殺された勘助像とはいったいどんなものか？

戦前の教育を受けられた方には説明する必要もあるまい。北信濃（長野県北部）の支配権をめぐって激突する武田信玄と上杉謙信、世にいう川中島の合戦で武田側の作戦を立案したのが「軍師」山本勘助である。今日の言葉でいえば作戦参謀であり、信玄の有力なブレーンでもある。歴史というよりむしろ講談のヒーローかもしれない。

片目で満足に歩行できないというハンディキャップを背負う身でありながら、軍略の天才であった。しかし、川中島の合戦では立案した「キツツキの戦法」を謙信に見破られ、自責の念から壮烈な戦死を遂げる悲劇のヒーローでもある。

さて、このような魅力に満ちた勘助像を伝えるのは、『甲陽軍鑑《こうようぐんかん》』という戦国末期から江戸時代初期にかけて成立した書物である。

この書物は、信玄、勝頼《かつより》の二代にわたっての武田家の事績を記したものである。政治、経済の記事もあるが、多くは戦争の記録であり、その名も「軍鑑」（軍法の鑑《かがみ》）とあるように、軍学の教科書として後代神聖視されることになる。

著者は（『軍鑑』の記述をそのまま信じるならば）信玄の重臣であった高坂弾正《こうさかだんじょう》（春日源五郎）であり、その甥《おい》の春日惣二郎があとを書き継いで完成させたことになっている。

この『甲陽軍鑑』は江戸時代を通じてのベストセラーであった。武士の必読書であり、数多くの演劇、講談、小説のネタ本ともなった。幕末の大ベストセラー、頼山陽《らいさんよう》の『日本外史』も川中島合戦の部分はこれによっているのである。

なぜ、そんなに読まれたのか。

内容がおもしろいということもあるが、江戸時代に盛んに行なわれた軍学が、この書物を根本テキストとしたからである。

では、江戸時代に発生した軍学とはなにか？

私はまったくの初心者にそれを説明するのに、よく「着物の着付け教室のようなものですよ」という。怪訝《けげん》な顔をする人もいるが、それはつまりこういうことだ。

▲山本勘助

戦前、そのようなものはどこにもなかった。それは日本人にとって着物（和服）を着るということは、三度の食事をとるのと同じことで、だれもができたし、わからないことがあれば家のなかにいくらでも教えてくれる人がいた。母や叔母や祖母がいたのである。ただで教えてくれる人が身近にいるのだから、金を払って習おうとする人などいるわけがない。

ところが、戦後は、着物自体が日本人の生活と疎遠《そえん》になり核家族化も進んで、日本人全体の「着付け」に対する技量が落ちた。そこではじめて「着付け技量」が商売になる状況となり、「装道」などという言葉も使われるようになった。

軍学もまさにこれと同じことである。武士というのはあくまで職業軍人であり、有事の際は戦争に行かねばならない。当然、上は大名から下は五十石程度の武士まで、戦争のやり方を知っておかねばならないのである。

戦国時代は、そんなことをいちいち習いに行く必要はなかった。毎日が実戦であり、周囲には戦争のベテランがいくらでもいた。ところが平和になってしまい、そういうベテランが世の中からいなくなると、どうやって戦争のやり方を知ればいいのか。

ここで時代の要求を見抜いた頭のいい男が登場する。小幡勘兵衛景憲《おばたかんべえかげのり》という武田武士の血を引く男だ。この小幡景憲こそ軍学の祖である。彼は『甲陽軍鑑』をテキストに採用し、甲州流軍学というものをはじめた。のち徳川家に仕え旗本《はたもと》となった彼の弟子には、北条新蔵（北条流軍学の祖）や山鹿素行《やまがそこう》（山鹿流軍学の祖）がいる。

また彼とは別系統で、越後《えちご》流あり、楠木《くすのき》流ありで、軍学は大盛行の世を迎えた。なにしろ大名だって、建て前上は幕府に仕える地方軍団の指揮官である。もし幕府から動員令があれば出撃しなければならない。戦争のやり方なんて知りません、では通らない。そこで軍学はどこの藩でも熱心に研究された。

では、この軍学、ほんとうに役に立つものかどうか？　ほんとうのことをいってしまうと、身も蓋《ふた》もないが、じつはこれは全部インチキなのである。

着物の着付け教室と軍学教室（？）との間には、非常に大きな違いが一つあるのだが、おわかりだろうか。

「着付け」はその成果を自分の目で確認することができる。ところが「軍学」はほんとうの戦争がないと、その有用性を確認することができない。つまり平和な時代だと、インチキであってもばれないのである。日本の軍学はついに実戦に一度も使われることなく終わった。

幕末の勤王の志士吉田松陰《しょういん》は長州藩の山鹿流軍学師範なのであるが、黒船相手にそんな軍学が通用しないことを悟《さと》って西洋流の兵学を学んでいる。

彼はそれをついに実践する機会はなかったが、彼の弟子高杉晋作《しんさく》は奇兵隊《きへいたい》を創立するなど西洋流でやっている。もちろん薩摩藩もそうした。

このまさに「机上の空論」「畳の上の水練」ともいうべき軍学の世界で、山本勘助は「神」にまつり上げられた。軍師の鑑、軍法の権化《ごんげ》として扱われたのである。

勘助の不幸のはじまり

ところで、最も肝心なことなのだが、勘助はほんとうに「武田家軍師」だったのか？

あらためて『甲陽軍鑑《こうようぐんかん》』に目を通すと、勘助のポストはあくまで足軽《あしがる》隊将（大将）であり、軍師ではないことに気づく。ただし、ふつうの足軽隊将と異なり、戦略上のことにつき何度か信玄の諮問《しもん》を受けている。信玄と勘助の問答が独立した一章をなしていることもある。

つまり正式な軍師ではないが、軍師的地位にあった人間であるということはいえよう。また築城（城の設計）については一流中の一流の才をもっていたらしい（築城法も軍学の重要な課目の一つである）。

いったい、日本の戦国時代に中国の『三国志』における諸葛孔明《しょかつこうめい》のような軍師がいた

▲高遠城跡（長野県・高遠町）　この城も勘助の築城になるといわれる

のか、といえば、ほとんどいなかっただろう。

しかし、最もそれらしい者をあげれば、のちの項で述べる豊臣秀吉の家臣竹中半兵衛《たけなかはんべえ》と黒田《くろだ》官兵衛《かんべえ》（如水《じょすい》）ということになるが、徳川時代に敵対した豊臣流軍学の看板をあげることはタブーである。そこで武田家の山本勘助が本邦軍師の代表ということにされた。軍学者たちが積極的に喧伝《けんでん》したのである。

軍学も剣術などと同じように、伝書（免許状）といったものがあるのだが、そこにはかならず系図がついている。流祖からの系譜である。甲州流には山本勘助の名が麗々しく書きとめられている。甲州流はのちに勘助流とよばれるほどであった。

これが、勘助の不幸のはじまりであった。

江戸時代はよかった。軍師の鑑として神格化されたのであるから。

ところが、明治になって近代史学が西洋から移入されると、まず軍学のインチキ性が暴露され、その影響で『甲陽軍鑑』ひいては山本勘助自体が、うさんくさい目で見られるようになったのである。ペテン師が崇《あが》めている書物や人物など、信用できないというわけだ。

その先鞭《せんべん》を切ったのが、明治の史学界の大物、東京帝大教授田中義成博士である。その論文「甲陽軍鑑考」こそ、『甲陽軍鑑』の内容に疑問を投げかけ、勘助の実在を否定する端緒となった。

その論文で田中博士は、まず『甲陽軍鑑』に史実と異なる記述、合戦などの記事の年月などの誤謬《ごびゅう》を指摘した。そして、そのうえでこの書物は、⑴高坂弾正《こうさかだんじょう》自筆の記録、⑵山本勘助の息子の僧の遺記、⑶武田の遺臣からの聞書《ききがき》等々を小幡景憲《おばたかげのり》が編集し、全体を高坂弾正著に見せかけたものである、という説を主張したのである。これは以後の学界に非常に甚大《じんだい》な影響を残した説なので、よく心にとめていただきたい。

このうち⑵の勘助の息子の僧云々《うんぬん》だが、それは『武功雑記《ぶこうざつき》』に次のような記載があるのを根拠とする。

「勘助子関山派《かんざん》の僧にて学問ちと有しが、甲州信州の間にて信玄の事など覚書して置たる反古《ほご》などを取りあつめ、吾《わが》親の勘助ことを結構につくりかきたるなり。是《これ》を高坂弾正が作といつはりて書きたるなり」

その大意は、勘助の子で妙心寺派の僧になった者がいたが、この僧、ちょっと学問があるのをいいことに甲州、信州などで古文書を集め、自分の親の勘助のことを大活躍させた本を書いた。そして、それを高坂弾正作と偽《いつわ》った（それが『甲陽軍鑑』の原書である）。

また同じ書に次のような記述もある。

「川中島合戦の時、山県《やまがた》（昌景《まさかげ》＝信玄配下の武将）より勘助を斥候《せっこう》につかわし、帰りて山県にものいう体を信玄御覧じ、あれは何者ぞとありしに、あれは山本勘助とて、三河の者なり。口才《こうさい》（弁舌の才）なるものとて山県扶持《ふち》しおきたり」

ここでは勘助はちょっとばかり弁の立つ使い走り、それも信玄の直属の部下でなく、その臣山県昌景の家来にすぎない。軍法の神様からずいぶんと下落したものである。

近代史学の名において抹殺《まっさつ》された

田中博士はこの『武功雑記』の記述を信頼できるものとし、『甲陽軍鑑』は偽書であり、そこで大活躍する「軍師」の山本勘助は、山県の部下にすぎない軽輩《けいはい》の士であると断じた。

そして、この田中説は踏襲され、拡大誇張された。この論文では勘助を軽輩の士としてはいるが、その実在までを否定してはいない。しかし、田中博士の弟子たちは、山本勘助が信頼できる同時代の古文書に登場しないという理由で、勘助非存在説を強く打ち出すようになった。『甲陽軍鑑』は偽書だから、勘助の存在証明にはならないということなのである。ひどい話で、江戸時代の軍法の神様は、こうして近代史学の名において抹殺されたのである。

だが、私はあえていおう。これは絶対におかしい。読者の皆さんはお気づきだろうが、田中説の最大の根拠になっているのが、『武功雑記』の記述である。『甲陽軍鑑』が信頼できないというのも、勘助が軽輩だというのも、すべて『武功雑記』が拠《よ》りどころとなっている。

『武功雑記』は元禄期（一六八八〜一七〇三）の肥前《ひぜん》（長崎県）平戸の大名松浦鎮信《まつらしげのぶ》が編集させたものである（そうでないという意見もあるが私はそれはとらない）。だから、その内容は（大名の手になるものだから）信用できる、というのが史学者の見解らしい。だが場合によっては大名でもうそをつくことがある。そして、その心理を追究していくことによって、うそか真実かを判別することもできる。

まず注意していただきたいのは、松浦鎮信は山鹿《やまが》流軍学の祖、山鹿素行《そこう》のパトロンで、その熱心な信奉者であったという事実である。山鹿流は前に述べたように、甲州流から分かれた。

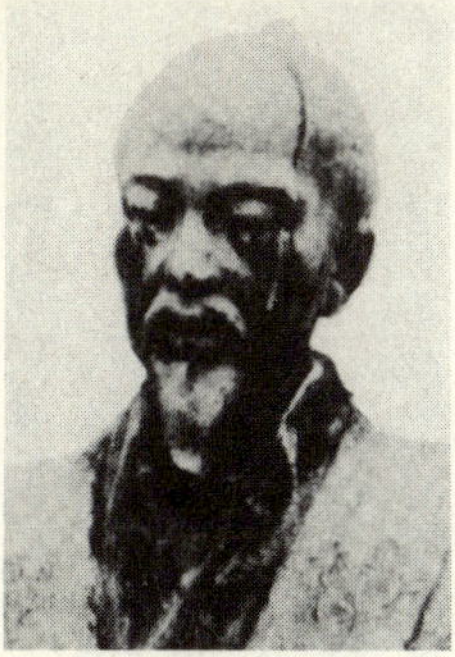

▲山鹿素行

さて、剣術であろうが茶道であろうが生け花であろうが、新しい流派をつくるということはどういうことか、ちょっと想像していただきたい。それは旧流（？）に対する不満から起こる。自分のほうがすぐれている、これまでのやり方にあきたらない、そんなときに人は古い流派を飛び出して新しい流派をつくる。つまり新流を立てるということは、形はどうであれ旧流の否定なのである。もっとも新流派の流祖は、心のなかでは旧流を否定していても、あまり口に出したりはしない。なぜなら、かつては旧流の弟子だったからだ。飛び出したからといって、その恩義を忘れて悪口をいいまくっていては、日本では人徳のないやつとけなされることになる。しかし、その弟子の代になると、もはや遠慮がない。自分の流派がすぐれているとの確信があるから、遠慮なく旧流、他流の悪口をいう。松浦鎮信はこの立場にいるのである。

そこで先ほどの記述を見なおしていただきたい。

たとえば「勘助子――ちと学問有しが」とか「反古など取りあつめ」とか、「結構につくりかきたるなり」とか、この語調は悪口以外のなにものでもない。結局これは勘助と『甲陽軍鑑』の価値をおとしめることによって「甲州流はたいしたことはない」といっているのである。こんなものは、いくら大名の編集だからといって、信用できるものではない。一歩譲っていくらかの真実があるにしても、悪意で誇張されていることは間違いない。

そして最も注目すべきは、それだけの悪意が底にあると思われるのに、勘助の実在自体は否定していない、ということである。もし、勘助の実在に少しでも疑いがあったなら、勘助などいなかった、とはっきり書いたにちがいないからだ。皮肉なことに、これは勘助の実在を逆に証明しているとすらいえるのである。したがって、この『武功雑記』を根拠とした勘助非存在説は成立しない。少なくとも私はそう考える。

だが、実証史学の影響を強く受けた人たちは、あるいはこう反論するかもしれない。

「そんなことをいったって、勘助の存在を証明する史料がほかにないなら――」

いや、あるんです。「市川文書《いちかわもんじょ》」というものがある。

昭和四十四年に発見された武田晴信《はるのぶ》（信玄）から北信濃《しなの》の武将市河藤若に送られた手紙のなかに、「なお山本菅助（勘助）口上有るべく候」という一節がある。手紙には機密事項は書けない。敵の手に奪われる可能性もあるからだ。大事なことは、口頭で述べるのである。この一節はそのことをいっている。「詳しくは（使者の）勘助が口頭で述べる」ということだ。

この文書が出現した以上、勘助が信玄の使者を務められるほどの重臣（主君に代わって伝言を述べるのだから、たんなる使い走りではありえない）であったことは証明されたといえる。

ところが不思議なことに、史学界ではこの「市川文書」を無視し、相変わらず勘助非存在の説を頑《かたく》なに守っているのである。

こうなるともうミステリーで、どうしてそうなのか私にはまったく理解できない。もし、勘助非存在説をあくまで主張するなら、まずこの「市川文書」についてふれないわけにはいかないはずだが、先の奥野高広博士の『武田信玄』にもいっさいそのことはふれられておらず、私にはますますわけがわからなくなるのである。こういう態度を頑迷《がんめい》固陋《ころう》というのだろうが、若い研究者の偏見にとらわれない探求を祈るばかりである。

織田信長はそのときなにを見たか

岐阜城で信長はなにを考えたのか

久しぶりに信長の城を訪ねた。

織田信長は、日本の近世を切り開いた名将であり、日本史上最高の政治家の一人でもある。

その信長は生涯にみずから三つの城を築いている。

もちろん、部下の部将に築かせた城はもっと多い。小さいものを含めれば百を超えるかもしれない。

しかし、信長がみずからの居城として金も出すが口も出した城というのは、片方の手で数えられるほどしかない。

へそ曲がりは、城を築いたのは信長ではなく大工だ、というかもしれないが、信長の居城には、明らかに信長の好みが強烈に反映している。信長以前にはなく、以後にもまずないような、ユニークな個性あふれる城なのである。

信長の居城は、年代順にいうと、那古野《なごや》城、清洲《きよす》城、小牧山《こまきやま》城、岐阜城、安土《あづち》城の五つである。

このうち那古野城は生まれた城であり、清洲城は奪った城である。だから信長がほんとうにゼロから自分の好みでつくった城というのは小牧山、岐阜、安土の三つということになる。

じつはこのほかにも、もう一つある。

いわば信長の幻《まぼろし》の居城である。

それはどこにあるのか——それはあとのお楽しみということにして、話を三つの城に戻そう。

この三つの城は、いずれもいまはなにも残っていない。

このうち小牧山は、さして重要ではない。那古野、清洲、小牧山の三城は昔の尾張《おわり》、現在の愛知県にある。

この尾張の国にいるときは、信長は全国各地にいる大名の一人にすぎなかった。美濃《みの》

▲信長誕生の那古野城跡（名古屋・中区）　名古屋城二の丸にある

国（岐阜県）を奪い、二つの国の領主となったとき、はじめて天下をねらう覇者《はしゃ》としての名乗りを上げたのだ。

　そのことは岐阜という地名に示されている。岐阜と名づけたのは信長である。それまで岐阜は「井ノ口」といい、城のある山は「稲《いな》葉山《ばやま》」といった。それを信長が、中国の周《しゅう》王朝の始祖が岐山というところから起こり天下を統一したという故事にもとづいて、岐阜と改めたのである。「阜」は丘《おか》という意味だから岐山と同じ意味だ。

　すなわち、信長はこの改名によって、自分が天下を取る意思があることを、世間に公言したのだ。

　だから、岐阜城や安土城は、天下を目ざす

信長の野望の具体的なかたちとしてみなくてはならないのである。

岐阜城は山の上にある。

丘ではなく山だ。本気でのぼろうとすれば、一時間ほど汗をかかねばならない。頂上まではロープウエーがあるくらいだ。山が高くなければロープウエーなど設置できない。

その山を、自分の足ではなく、軟弱にもロープウエーでのぼった。

この山頂にある復興天守閣からの眺めは絶品である。おそらく日本国じゅうの城のなかで、ここからの眺めが最高だろう。高い山の上の城というならほかにもあるが、ここから見る濃尾平野と、蛇行《だこう》する長良《ながら》川の姿はひときわ美しい。変化に富む眺めなのである。

しかし、まさに天下を一望におさめる城であることが、同時に弱点でもある。

高すぎるのである。平地から、麓《ふもと》の町から、あまりにも離れた場所にこの城はある。要塞《ようさい》としてはすぐれているかもしれない。

だが、あの楽市《らくいち》・楽座《らくざ》という革命的な政策を実施し、戦国大名のなかでは最も経済というものに明るかった信長の城としては、あまりにも軍事的な要素が強すぎるのである。

城とは要塞であり、軍事的にすぐれていればそれでいいのだ、と考える人もいるかも

▲**安土城跡（滋賀県・安土城）**　信長の「天下布武」はこの城に象徴された

しれないが、信長はむしろ軍事より経済を重視したといっても過言ではない人物である。

現に、戦国大名のなかで最も精強とされた武田軍も、鉄砲の大量使用という信長の戦略に敗れている。

鉄砲の大量使用などということは、経済力の裏づけがなくてはありえないことだ。その信長が、岐阜から近江《おうみ》（滋賀県）の安土に移る。

この城も山の上にある。

しかし、岐阜城と違ってロープウエーでのぼるほどの山ではない。むしろ小高い丘ぐらいのものである。

現に、ふだん不摂生《ふせっせい》を重ねている私の足でも、三十分ばかりでのぼれた。

信長がここに城を築いたのは、なにもほかに高い山がなかったからではない。城が軍事要塞としての要素が弱くなり、むしろ経済の中心としての政庁という要素が大きくなったためだ。

信長の城ははじめ平地にあり（那古野、清洲）、次に高い山にのぼり（小牧山、岐阜）、そして少し下りてきた（安土）。

信長は惜しくもこの城を築いたあと、本能寺の変で死んでしまうが、もしさらに生きて天下を完全に統一したら、どうしていたか？

岐阜から安土に移転したように、かならず安土から移転していただろう。安土はやはり日本の中心ではない。山にせよ丘にせよ、高いところに城を築く時代はもう終わっていたはずだ。信長がどこに移転するつもりだったか、つまり安土の次に信長の居城となるはずだった幻の城はどこなのか？

それはじつは謎《なぞ》でもなんでもない。

その城はだれもが知っている城だ。

信長が考えていた幻の城はどこだったのか

大坂城（現在は大阪城と書く）なのである。

驚く人もいるかもしれない。どうしてわかるのか、大坂城は秀吉の城ではないか、という人もいるだろう。

じつはそうではない。

あの城を、あの地に築くことは、信長が考えたことなのである。証拠はないが、まず間違いない。

どうしてそういえるか、信長が殺されたのは天正十年（一五八二）である。では、後継者である豊臣秀吉が大坂に城を築くべく着工を命じたのはいつか、工事がはじまったのはいつか――なんと翌年の天正十一年からなのだ。

その前年の天正十年に、秀吉は自分が天下人になるとは夢にも思っていなかった。秀吉がその野心をいだいたのは、明らかに信長の横死《おうし》以降のことだ。すると秀吉は信長の死後わずか一年ばかりで、天下経営のプランを考え大坂に築城を命じたことになる。

それはいくらなんでも手回しがよすぎる。この時点で秀吉はまだ完全に天下を統一してはいないのだ。

それなのに、秀吉はどうしてそんな大がかりなプロジェクトを実施できたのだろう。

答えは簡単で、信長時代からそれはすでに計画され、実施直前までいっていたからだ。

それが秀吉によって完成され、秀吉の偉大さを強調するために、信長の名は消されたのだろう。信長がこの地に執着《しゅうちゃく》したことを示す証拠はほかにもまだある。

とにかく、この城は信長最後の城になるはずだったにちがいない。

この城は平地に、しかも商業都市大阪のど真ん中に建っている。

私の目には、信長がついに完成できなかった、幻の大坂城の姿が浮かんでいた。

ちなみに、この地を「大坂」と名づけたのは秀吉であるが、おそらく信長ならそういう名はつけなかっただろう。

その名は？

いや、それは別の機会に語りたいと思う。

明智光秀謀反の陰に帝の姿が！

光秀は信長に怨念《おんねん》をいだいていたのか

天正十年（一五八二）六月一日、明智光秀《あけちみつひで》の軍勢は丹波亀山城《たんばかめやま》をあとにした。表向きは織田信長の命で西国毛利《もうり》攻めの援軍に赴くためである。ところが光秀の軍勢は、備中《びっちゅう》（岡山県）に行く道をたどらず、粛々《しゅくしゅく》と京への行軍をつづけた。そして二日未明、光秀の軍は信長が宿営していた本能寺になだれ込んだ。

鬼神のごとく恐れられていた信長を討つことに対し、光秀の軍兵《ぐんぴょう》にためらいはなかった。「坂東《ばんどう》武者は主《あるじ》あるを知って、主に主あるを知らず」といわれるように、当時の武士はあくまで直属の将の命令にのみ従うことを当然と考えていたからだ。

光秀の命を受けた約一万三千の兵は、本能寺を囲み、火を放ち、ついには信長を自害に追い込み、つづいて二条御所にいた織田信忠《のぶただ》（信長の長男）を殺した。ここに稀世《きせい》の英雄信長の天下布武《ふぶ》の夢は打ち砕かれたのである。

この「本能寺の変」の真相、いい換えれば、なぜ光秀は主君の信長を殺したのかは、いまにいたるまでわからない歴史の大きな謎《なぞ》である。

古来、といっても江戸時代から明治時代にかけて、光秀謀反《むほん》の動機として強く信じ込まれていたのは「怨恨説《えんこんせつ》」であった。そして、その怨恨の内容はじつに多様だ。伝えられているおもな話はざっと次のようなものである。

天正七年の丹波八上《やかみ》城攻略の際、光秀は城主の波多野《はたの》一族に対し、降伏すれば命は助けると約束、証《あかし》に自分の母親を人質として八上城に送った。ところが降伏して来た波多野一族を信長が安土《あづち》で皆殺しにし、その報復として光秀の母は城兵になぶり殺しにされた。光秀はその信長の行為を深く恨《にく》んでいた。

本能寺の変の直前の天正十年五月。信長から受けた加封《かほう》、本領安堵《あんど》の謝意を表するため安土城にやって来た徳川家康の饗応《きょうおう》役を光秀がいい渡された。

ところが料理の魚が異臭《いしゅう》を放っているのを下見に来た信長が見咎《とが》め、光秀を罷免《ひめん》し、光秀の面目は丸つぶれとなった。

稲葉一鉄《いってつ》の家来だった斎藤利三《としみつ》（のちに光秀の重臣、春日局《かすがのつぼね》の父）が、一鉄のとこ

▲現・本能寺（京都・中京区）　本能寺の変で焼失後、秀吉が当地に移した

ろから逐電《ちくでん》し、光秀に身を寄せた。一鉄に泣きつかれた信長は、利三を返すよう光秀に命じたが、光秀はそれを拒否して、信長の不興を買うようになった。

やはり天正十年に、武田勝頼《かつより》を攻め滅ぼした戦勝祝賀の席で、光秀が「骨を折ったかいがあった」と漏《も》らした言葉を信長が聞いて、「おまえがどんな武功を立てたというのか」と、満座の前で光秀の頭を寺（諏訪《すわ》の法華《ほっけ》寺）の欄干に押しつけた。

こうした話に尾鰭《おひれ》がつき、ディテールが変えられ、光秀の謀反が小説、ドラマなどで繰り返し語られるところとなったのは周知のとおりである。

ところが現代になって、戦国史研究の第一

人者だった高柳光寿《みつとし》氏は、その著『明智光秀』（吉川弘文館刊）で、これらの怨恨説を一つ一つ検証して、まったくの誤りであることを詳しく論述している。

高柳氏は「同時代に書かれたものなら信用に足るが、すべてが江戸時代になってつくられた後人の想像にすぎない」と断定している。

戦国武将にはすべて野望ありき

高柳氏が論断した怨恨説以外に、近年になって出てきた新たな怨恨説もある。それは、信長が光秀に毛利《もうり》攻めを命じた際、光秀の領国である丹波（京都府・兵庫県）、近江《おうみ》（滋賀県）を召し上げ、代わりにまだ敵対中の毛利の属国である出雲《いずも》、石見《いわみ》（ともに島根県）を与えた。その仕打ちに光秀は恨《うら》みをいだいたという説である。

信長が光秀を発奮させるために、領国を召し上げた、と考えられないことはない。しかし、この説も詳細に調べてみると矛盾《むじゅん》が多すぎる。

天正十年に織田信孝《のぶたか》（信長の三男）が丹波の国侍《くにざむらい》に発給した軍令状があるので、この時点で光秀が丹波を取り上げられていたことは確か、というのが新怨恨説の拠《よ》るところになっている。だが、仮に信孝が軍令状を出した事実があるにせよ、いきなり領土を取り上げ、敵国の領土を取れという約束手形はあまりにむちゃすぎる。

出雲、石見に攻め込むまでの間、光秀軍団の家族の住むところはなくなるわけだし、光秀の軍団は近江、丹波の国侍で構成されている。だから、もし二国の支配権を取り上げられたら、国侍は一人も動かず、毛利攻めの援軍は覚束《おぼつか》ないことになる。この信長の命令はあまりにも常識に反している。

では、なぜこのような怨恨説がまことしやかに語られるようになったのか。

理由のわからない事件があると、人間は、なんとしても納得《なっとく》したい欲望に駆られる。そしてあとでもっともらしい理屈づけをする。私はこれを「逆算の論理」とよんでいる。不可解な事件の原因をあとで推論する論理である。光秀謀反における怨恨説は、まさにこの逆算の論理の典型といってよい。

▲明智光秀

光秀は足利義昭《あしかがよしあき》という将軍に仕えた経験があるものの、禄《ろく》は低く、経済的にみれば素浪人《すろうにん》のようなものだった。だが永禄十一年（一五六八）に信長が上洛したときから信長の臣下となり、以後めきめきと頭角を現わし大出世を遂げていった。信長は羽柴《はしば》秀吉と並ぶ者として光秀を信頼し重用していたのである。最終的に光秀は、織田政権にあって、秀吉、柴田勝家《しばたかついえ》、丹羽長秀《にわながひで》、滝川一益《たきがわかずます》とともに、五大軍団を形成する将の一人にまでなった。禄は五十万石。

この押しも押されもせぬ大大名にまで引き立ててくれたのは信長である。信長は光秀にとっては足を向けて寝られないような存在だったのだ。厚く光秀を信用していた信長は、まさか光秀に寝首を掻《か》かれるとは、夢にも思っていなかったことだろう。

そんな謀反を起こすはずのない光秀が信長を襲った。なぜか。動機は、当時の人々にも、おそらくわからなかったにちがいない。

しかし、現実に光秀は信長を弑逆《しいぎゃく》している。その現実を目の当たりにして、のちの人々は首をひねった。その結論はほかでもない。それは「大恩を帳消しにするほどの、信長のいじめ、それに対する恨みが光秀にはあったのだろう」というものである。

で、その恨みというのはなにか、ということでさまざまな伝説が捏造《ねつぞう》されていったのである。もちろん、それらの伝説は確認のしようがないものである。唯一、確認できるというい方をすれば『川角太閤記《かわすみたいこうき》』には、光秀が毛利の重臣小早川隆景《こばやかわたかかげ》にあてた書状に、「自分は近年、信長に恨みをいだいていた」という記述があることだ。しかし『川角太閤記』自体、歴史的資料としての信頼度が低く、恨みをもつにいたった事件の内容についての記述はない。

江戸時代には、光秀の反逆は怨恨説で納得され、それ以上の探求はされなかった。ところが近代になって怨恨説に疑問が投げかけられた。そこで出てきたのが、「野望説」である。

この野望説は、もともと光秀には秀吉や家康もいだいていた天下取りの意識があり、その千載一遇《せんざいいちぐう》のチャンスが目の前にあることに気づいたので、それを実行したまでのこと、というものである。

チャンスというのは、具体的には、本能寺の変の直前に信長麾下《きか》の有力部将が信長の身辺にだれもいなかったことだ。秀吉は中国毛利攻めにてこずっている。柴田は上杉景《かげ》勝《かつ》を魚津《うおづ》城に攻撃中。関東では滝川一益が北条と戦っている。しかも信長は、わずかの供揃《ともぞろ》えで本能寺にいる。討つならいまをおいてないと光秀は思った。ただ、誤算は秀吉が毛利と講和を結び、予想もしないスピードで京に舞い戻って来たため、三日天下で終わったことである。

しかし、この野望説もじつは、怨恨説の〝姉妹編〟のようなものである。

たしかに、秀吉も信長が死んだあと、かつての織田政権の重臣柴田勝家を謀略で攻め滅ぼしたり、三男の信孝を切腹に追い込んだりというように、反逆に近い行為を繰り返しながら、結局は天下を取っている。それだけに、野望説にまったく根拠がないとはいいきれないが、やはり辻褄《つじつま》の合わないことが多すぎる。

われわれは、歴史の結果を見て、戦国時代はだれもが天下をねらっていた、と見がちだが、天下を取るには、途方もないエネルギーと気概を必要とする。当時、天下取りの意識と、それに対応する現実的プランをもっていたのは、信長だけではなかったか、というのが私の考えである。秀吉も、信長が死んでいなかったら、おそらく天下取りを考えることなく、信長の臣下として一生を終えていたかもしれない。

怨恨説は誤り、野望説には疑問符がつくとなると、光秀謀反の動機はいったいどこにあったのか。

野望説のあと、『武功夜話』などの新資料が出て、信長の安土桃山時代の研究はさらに進展している。そうしたなかで、近年になって、光秀謀反に関する新たな説がとなえられはじめている。

その最新説は、二つの流れに大別することができる。

一つは「光秀無罪説」。つまり、光秀が反逆したことには、矛盾点《むじゅん》が多すぎるので、ほんとうは光秀以外の者が反逆に及んだとする説である。この説では秀吉あるいは家康が実際の反逆者とされている。

秀吉は信長の死で、天下が取れたのだから結果的にいちばん得をしたことになる。そこで、もしかすれば秀吉が真犯人ではないかというのである。これは荒唐無稽《こうとうむけい》といわざるをえない。秀吉には本能寺の変のとき、毛利と対峙《たいじ》していた絶対的アリバイがあるからだ。

家康にしても、もし彼が実行犯なら、本能寺の変の前後に三河《みかわ》（愛知県）から軍勢が駆けつけていなければおかしい。信長に代わって天下人となるのであれば、京の支配権を固める必要があったからだ。

ところが、実際のところ家康は、命からがら京から三河に逃げ帰っている。よしんば、家康が光秀をそそのかしたという見方をとっても、信長殺害後の段どりが悪すぎたことから、家康が信長殺しに関与していたとは考えられない。

光秀謀反の陰に黒幕が！

これらの「光秀無罪説」よりも説得力があるのは、最新説のもう一方の流れである。手をくだしたのは光秀だが、それをそそのかした者がいるという「使嗾《しそう》説」である。

そのなかで興味あるのは、信長の長宗《ちょうそ》（曾）我部《かべ》討伐にからんでの、光秀の重臣斎藤利三《としみつ》の使嗾説である。

信長が、まだそれほど勢力を伸ばしていなかったころ、織田政権は遠国とは宥和《ゆうわ》し、近国は攻め取る「遠交近攻」政策をしいていた。そして遠国の一つの対四国外交ロビーには二つのラインをもっていた。長宗我部系の光秀ラインと三好《みよし》系の秀吉ラインである。

この二つのラインのうち当初、信長が重視していたのは長宗我部系であった。

信長が長宗我部と友好関係にあったのは、互いに領国が離れていて直接的な利害関係がなかったからにすぎない。しかし、時が移るとともに、信長は急速に勢力を伸ばし、全国制覇《せいは》のプランをいだきはじめた。となると四国がどうしても必要な領地になる。それに長宗我部元親《もとちか》に四国全土を制覇されると、織田家の強力な敵になる懸念《けねん》もある。長宗我部は討っておかねばならない、と信長は考えた。

一方、長宗我部にしてみれば、四国は自力で切り取った領地で、みすみす信長に渡すわけにはいかない。

両者の利害対立はそこに起こり、信長は断固四国を討伐する方針を固め、長宗我部に圧迫される三好を助ける名目で三男の信孝を総大将とする艦隊を編成、丹《に》羽《わ》長秀《ながひで》を補佐につけた。

▲長宗我部元親

光秀は、それまで長宗我部との友好関係を営々として築き上げてきた。それが目前で踏みにじられた。光秀の面目は丸つぶれである。光秀の心中は苦渋《くじゅう》に満ちていた。どうすべきか。いま、無防備の信長を討てば四国討伐は阻止《そし》できる。光秀は家老《かろう》の斎藤利三に相談する。

本来なら諫《いさ》め役に回るはずの家老利三だが、織田と長宗我部との友好の証《あかし》として利三は、自分の妹を長宗我部に嫁がせ、長宗我部元親の世継ぎ、信親《のぶちか》を産ませている。四国討伐で妹と甥《おい》を失いたくなかった。

▲正親町天皇

「おやりなされ。それもいま」と、利三は答えたのではないか。

信孝の四国討伐艦隊が大坂から出陣する予定日が、天正十年（一五八二）の六月二日であった。

利三は、それまでに信長を討つべしと、積極的に光秀をけしかけたのかもしれない。

「いまなら、反乱は成功する」と。

これが、私の描く一つのシナリオである。

さらに、最近になって私は、使嗾説では、斎藤利三もさることながら、朝廷あるいは公家《くげ》が光秀謀反に大きく関与していたのではないかと推測しはじめている。

その根拠は、まず信長があの時期に、なぜ京に滞在していたかという疑問である。

天下人をねらう信長はたびたび上洛《じょうらく》していたように思われているが、京に頻繁《ひんぱん》に通っていたのは、はじめて上洛した永禄年間（一五五八〜六九）から天正八年の中ほどまでで、以後、本能寺で殺されるまでの一年半は京には〝馬揃え《うまぞろえ》〟以外には行っていない。その間の朝廷とのやりとりはおもに書簡である。

理由は、日本中世史の今谷明氏が指摘するように、正親町《おおぎまち》天皇と信長の仲が険悪な状態にあったからである。

正親町天皇と信長の不仲は、信長が正親町天皇に「早く誠仁《さねひと》親王に譲位すべきだ」といっていたことに起因していると思える。

信長は誠仁親王を天皇にして、朝廷を思うがままに動かしたいと考えていた。老獪《ろうかい》な正親町天皇には手を焼いていたからだ。

信長が譲位を天皇に迫りはじめたのは、天正元年あたりからだったという公家中山孝《たか》親《ちか》の記録があるから、正親町天皇は信長の圧力に対し、十年余りも対抗していた計算になる。

天皇にとって信長は脅威そのもの

信長が、馬揃えを行なったのが天正九年。

その一回目が二月二十八日、二回目が翌三月一日である。この馬揃えというのは、今日でいう観兵式である。

信長は息子の信忠《のぶただ》、信雄《のぶかつ》、柴田勝家、丹羽長秀、前田利家《としいえ》などの有力部将を従え、思いきり華やかな飾りつけで、御所の東につくった馬場を行軍した。派手なデモンストレーションによって正親町天皇に脅《おど》しをかけ、譲位を迫るためなのはいうまでもない。

こうした信長の姿を見て、天皇はおそらく多大な危機感をもったにちがいない。

半村良氏は、本能寺の変のときに信長が京都に出て来ていたのは、天皇家を滅ぼし、自分が皇帝になるためだった、と推察している。

これは魅力的な説だが、少し無理もある。なぜなら、天正十年の時点で信長はまだ全国を統一してはいない。地方には島津、毛利、伊達《だて》など武将がいる。

そのような状況で天皇家をつぶせば、逆賊の汚名を着せられて、彼ら大大名の攻撃を受けざるをえないからだ。だから、信長は天皇家を傀儡《かいらい》にしたい欲望をもってはいたが、天皇に取って代わる考えはなかったと考えられる。

だが、天皇家は信長に対して強い不信感と危機感をいだいていた。

歴史をさかのぼってみると、わずか百数十年前に「本気で天皇になろうとした男」がいたからだ。足利義満《よしみつ》である。

天皇家の記憶には、その義満の残像があったのだろう。天皇家は信長を義満とオーバーラップさせて、きわめて危険な人物とみた。信長の行動が、義満が天皇になろうとしたときと似通っていることが危機感を助長させた。

似通った点というのは、強大な軍事力をもち、天皇に平然と脅しをかける実力者であること。加えて、すべての官職を辞していたことだ。

信長は天正五年十一月に従二位の位階を贈られ右大臣に任じられている。正二位を贈られたのは翌年一月。だが、その年の四月に信長は右大臣の職を辞している。これは、天皇家にとっては不気味に映《うつ》る行動である。

右大臣、その上の左大臣、関白《かんぱく》にせよ冠位を受けることは、朝廷を中心とした秩序、組織に入ることを意味する。逆にいえば無冠になっている信長は朝廷の秩序に参加しない人間ということになる。

天皇家にとって危険な存在の信長はなんとか処分しなければならない。

正親町天皇の脳裏《のうり》にも、天皇を取り巻く公家《くげ》連中にも、そんな考えが浮かんでいたとしても不思議ではない。

そこでクローズアップされたのが光秀であった。光秀は古典的教養主義者で、信長の比叡《ひえい》山焼き討ちにも最後まで反対している。もと将軍の家臣だったこともある。そして

▲本能寺境内にある織田信長公廟

なにより光秀が源氏の出であることに天皇家は目をつけた。

天皇家は、光秀に対し、「事成就《じょうじゅ》の暁には征夷《せいい》大将軍にするから、天皇家を脅《おびや》かす逆賊信長を討て」と指令を出したのではないか。

山科言継卿《やましなときつぐきょう》の残した日記には、信長が京に来る直前に、公家が信長のところに押しかけ、会談している記述がある。ただ、残念なことにそこでなにが話されたかは書かれていない。

私は、そのときに正親町天皇が、「誠仁親王への譲位を決意した」ことを信長に告げ、信長を京によび出したのではないかと思う。

つまり、光秀に密命を出す一方で、信長を京におびき寄せたのである。だから、信長は京に来て、無防備ともいえる状態で滞在していたのだ。

天皇の命で逆賊を討つことは後世に汚名を残す裏切りではない。古典的教養主義者の光秀は、こう思い込むことで信長殺害に踏み切った。

しかし、光秀の天下があまりにも短かったために、征夷大将軍にするといった天皇家の約束、その他の記録は闇《やみ》のなかに葬り去られたのではないか。

そのあたりが、「本能寺の変」の真相のように思えてならない。

太閤秀吉の墓をめぐるミステリー

秀吉が葬られたのはどこか

人間死んでしまえばすべては終わりとするならば、墓などどこにあろうが、どうなろうがいいということになる。

だが、稀代《きだい》の英雄の墓となると、意外なドラマを秘めていることがある。そこで秀吉の墓についてのドラマを追ってみたい。

ところで、その墓がいまどこにあるかご存じだろうか。

京都である。

京都の東山三十六峰の一つ、阿弥陀《あみだ》ヶ峰《みね》という山の頂上に、秀吉の墓は建っている。

この墓碑は石造の五輪塔で、高さ二丈三尺四寸（約七メートル）ある堂々たるもので、高野《こうや》山にある一番石塔（高さ約一〇メートル）には及ばないが、まず日本有数の五輪塔であるといえるだろう。

ちなみに、この一番石塔というのは、崇源院《すうげんいん》（お江《ごう》——淀君《よどぎみ》の妹、将軍秀忠《ひでただ》の妻）の墓である。

それは余談だが、とにかく私は現在阿弥陀ヶ峰の山頂にある秀吉の墓が、創建以来そのままのもので、徳川政権下の江戸時代には多少荒されたものの、だいたいいまと同じ形をしていたのだろう、もちろん位置は当初から変わっていない——そのように思い込んでいたのである。迂闊《うかつ》な話だが、思い込みというのはそういうものらしい。

それが少し違うなと気がついたのは、去る夏のことだった。

私はある小説の取材で京都へ行ったのだが、そのとき時間が余ったので、東山の新日吉《いまひえ》神社に立ち寄った。秀吉を祭《まつ》る豊国《とよくに》神社の隣にある社《やしろ》である。

そこは後白河《ごしらかわ》法皇の神霊を祭る神社で、参拝したあと社務所で沿革などを記したパンフレットをもらったのだが、自宅に帰ってから、そこに妙な記述があるのに気がついた。

じつはこの神社は、秀吉を豊国《とよくに》大明神という神として祭った豊国社が、徳川政権によって廃されたあと、その社地に建てられた神社なのである。もっともこう書くと、新日吉社が豊国社の社地を奪ったように聞こえるが、それは話が逆で、豊国社のほうが新日吉社の社地の一部を譲り受けて社殿を建てたのである。

京都のような古い土地になると、いい地所はかならずどこかの公家《くげ》や社寺の持ちものになっているから、新しい神はどこかの土地をもらうより方法がない。

つまり、新日吉社というのは、豊国社ひいては秀吉の墓と深いかかわりのある社だと知っていただければいい。

さて、そのパンフレットに次のような記述がある。

「――慶長三年（一五九八）に秀吉が死没しますと、豊臣氏は、新日吉の社の北社地に豊国社を造営、更にその東の油ヶ峰に秀吉の墓所を営みました。（中略）ところが明治三十年（一八九七）に、豊臣氏にゆかりの旧大名家が、豊国廟《びょう》の復興をはかり、秀吉の墓所をもとの位置より東の阿弥陀ヶ峰頂上に移し、（中略）大いに社地をおかしたのであります」

あれ、と思ったのである。

これをまともに受け取ると、
(1)秀吉の墓はもとは「油ヶ峰」というところにあった。
(2)しかし、明治三十年にもとの位置より東の阿弥陀ヶ峰に改葬された。

▲**豊国神社（京都・東山区）**　明治になり秀吉の功績をしのんで再建

ということになるではないか。

しかし、そんなことがあるのだろうか。

どんな歴史の本を見ても、秀吉は死後、京都東山の阿弥陀ヶ峰に葬られた――とあり、この点ではすべて一致している。しかし、この記述を信じるならば、もとの墓はいまより西の油ヶ峰にあったということになる。

半信半疑で京都の地図を見ても、油ヶ峰という山はどこにもない。

もっとも地図にないからといって、存在を否定はできない。無名の山や丘に、地元の人が名をつけている場合があるからだ。

これはぜひもう一度京都へ行って、新日吉社の神官に話を聞かねばと決意した。

そしてその下準備として、桃山時代から江

戸時代にかけて、秀吉の墓がどのようになっていたかを文献で調べてみることにしたのである。

秀吉の遺言「神として祭れ」

秀吉が死んだのが慶長三年であることは前述した。そして、秀吉は自分の死後の葬地と葬礼について、次のように遺言していたらしい。

まず、自分を人ではなく神として祭ること。神としての号（すなわち神号）を朝廷から賜わるようにはからうこと。自分の遺骸《いがい》は東山の阿弥陀ヶ峰に葬ること。神として祭るならば、当然ながら一社を建立《こんりゅう》しなければならない。そのことも遺言に含まれていたかもしれない。遺言状が残っているわけではないので、はっきりはしないが、死後の葬礼についての遺言は以上のようなものだろう。

これは忠実に守られ、秀吉は豊国大明神という神号を朝廷から受け、豪壮華麗な豊国社に神として祭られた。神殿は阿弥陀ヶ峰の秀吉の墓所の前に建ち、桃山美術の粋を集めたすばらしいものだったらしい。

▲豊国神社境内に建つ豊臣秀吉像

ところが、この神社の寿命は短かった。

十七年後の元和元年（一六一五）、豊臣氏が滅亡したからである。秀頼《ひでより》と淀君《よどぎみ》を大坂城とともに葬った徳川家康は、豊国社の存在も許さなかった。豊臣の名を歴史から抹殺《まっさつ》することが彼の念願だったからである。

家康は大坂落城後、ただちに豊国社を破却しようとしたらしい。しかし、秀吉の正夫人高台院《こうだいいん》（ねね）が嘆願したため、一時中止した。

だが、徳川政権が豊臣の神の存続を許すはずがない。徳川氏はそれから五年ほど豊国社に圧力を加えつづけ、ついに社を雲散霧消《うんさんむしょう》させてしまうのである。

豊国社が完全にそのすべての施設を失った

のは、元和五年九月のことである。それ以後、豊国大明神を祭る社は一つもなくなり、参道も塞《ふさ》がれたため、秀吉の墓所への参拝も不可能になった。

徳川氏は、「豊国大明神」の神号も朝廷に奏請して取り消した。代わりに「国泰院俊山雲龍大居士」という戒名を与えた。このへんが徳川氏の巧妙なところで、大居士と大明神では天と地ほどの違いがある。大居士というのはあくまで人であり、神ではない。それにひきかえ家康は、「東照権現《ごんげん》」という神の座を得たので、神・家康と人・秀吉の差は大きく開いたのである。

さて、ここで気になるのは、秀吉の遺骸そのものが江戸時代はどこにどのようにあったかだ。非常に興味深い問題である。どうも秀吉は土葬されたらしい。

神は土葬し、仏は火葬するという決まりがあるわけではないが、諸記録を見ると、秀吉は〝神らしく〟衣冠束帯をまとい防腐処置を施されて埋葬されたらしい。

大坂落城ののち、徳川氏が豊国社を破却するとき、まず最初に行なったのは豊国大明神という神号の廃止だった。

というのは、神号をなくしてしまえば、豊国社は神社ではなくただの建物になってしまう。ただの建物を破却するのは容易であり、祟《たた》られる心配もない。

その際に、秀吉に仏教による戒名を与えたことは前述した。そこで、〝神式〟をもって葬られた遺骸について、なんらかの処置が加えられたことは容易に想像される。

それはどのような処置であったのだろうか。

⑴遺骸を掘り出して取り捨てたか、⑵荼毘《だび》に付して改葬したか、それとも⑶墓碑を壊しただけで遺骸はそのままの状態で残したか。

江戸時代の記録を見ると、どうも⑵ではないかと思われる。

たとえば、『武徳編年集成』によると、「（豊国ノ）神号ヲ廃シ其ノ霊体ヲ方広《ほうこう》寺大仏ノ傍《かたわら》ニ葬リ――」とある。

方広寺というのは秀吉の建てた大仏のある寺で、それを秀頼が再建したとき、家康が梵鐘《ぼんしょう》の銘文の「国家安康、君臣豊楽」という部分に難癖《なんくせ》をつけ、開戦のきっかけにしたことで有名である。ちなみに、この梵鐘はいまでも残っている。

その改葬地であるが、方広寺境内（現、豊国神社境内）にある馬塚という五輪の小塔がそれらしい。「馬」というのは、江戸時代に幕府を憚《はばか》ってそうよんだ（この近辺の地名、馬町に由来するらしい）とのことだ。

掘り出された秀吉の遺骸《いがい》

さて、それだけ予備知識をたくわえたところで、京都を再訪したのである。旅の目的はもちろん、秀吉の墓のほんとうの場所を探ることにある。

まず、新日吉社の藤島洋三宮司《ぐうじ》にお会いして、ずばり油ヶ峰というのはどこにあるのか尋ねてみた。

宮司は答えるかわりに、先代の宮司が書かれた小冊子を筆者に示した。そして、秘蔵の古絵図も見せてくれた。

油ヶ峰は、古絵図では「油山」と書かれ、たしかに存在していた。それは阿弥陀ヶ峰の前部、つまり京都市街側から見て峰の最初の盛り上がりをさすのである。

「なあんだ」といわれる方がいるかもしれない。油山といっても、それは阿弥陀ヶ峰の一部にすぎないではないか、そういわれるかもしれない。しかし、現在の位置（山頂）とはだいぶ違う。少なくともどんなかたちにせよ、秀吉の遺骸の改葬が確実であることがわかったのだ。

さらに、意外な事実が判明した。新日吉社の言い伝えでは、秀吉は死後すぐに荼毘《だび》に付され、遺骨が油ヶ峰に祭られたというのである。

そして、小冊子にはさらに驚くべきことが書かれていた。以下、原文を引用する（『新日吉神宮　氏子地沿革と古式祭』より）。

「此の山の中程に平坦《へいたん》な広場になっている所が油山で、秀吉の遺骨はここに葬ったのである。此の時（明治三十年――筆者註）墓地改修の為、掘り起こした所、骸骨がミイラとなって出て来たので、当事者は秀吉のだと思い信じ、石棺《せっかん》を造って鄭《てい》重《ちょう》に収納し、今度は頂上の阿弥陀峰に埋葬した。（中略）思うに秀吉の遺体は灰になっていたのに、骸骨が出たのを秀吉と思い、納棺したのは意外な失策であった――」

おわかりだろうか、つまり、いまの墓の下にあるのは秀吉の遺骸ではない――といっているのである。

この主張が正しいかどうか、筆者は確認する手段をもたない。秀吉の遺骸が最初から荼毘に付されていたという証拠はないし、秀吉の墓のあたりから掘り出された〝ミイラ〟の発掘記録もないからである。

この小冊子には、そのとき京都府からは技手《ぎしゅ》の安田時秀という人が発掘に立ち会ったとしている。この人がもし報告書を提出していれば、最も詳しくようすがわかるのだが、残念ながらそれは発見できなかった。

ところで、このような見解に対して、現在、秀吉を祭っている豊国神社側ではどういう見解をもっているのだろうか。

新日吉神社から歩いて五分のところにある豊国神社を訪ね、禰宜《ねぎ》の津江正昭氏に話をうかがった。

この改葬の事実について津江氏はあっさり認められた。やはり中腹から山頂への移動は行なわれていたのである。そして、当然のごとく、掘り出された遺骸は秀吉のものであると確信しておられた。つまり豊国社では先ほどの分類でいえば、(3)の立場をとっているのだ。

社伝によると、秀吉の遺骸は西に向かって正座合掌《がっしょう》し、合掌した手に数珠《じゅず》がかけられていたという。そして、その埋葬されていた地点は、現在の墓にのぼる途中の中門あたりだという。

これで、少なくとも秀吉の最初の墓の位置については、両者の見解が一致したことになる。

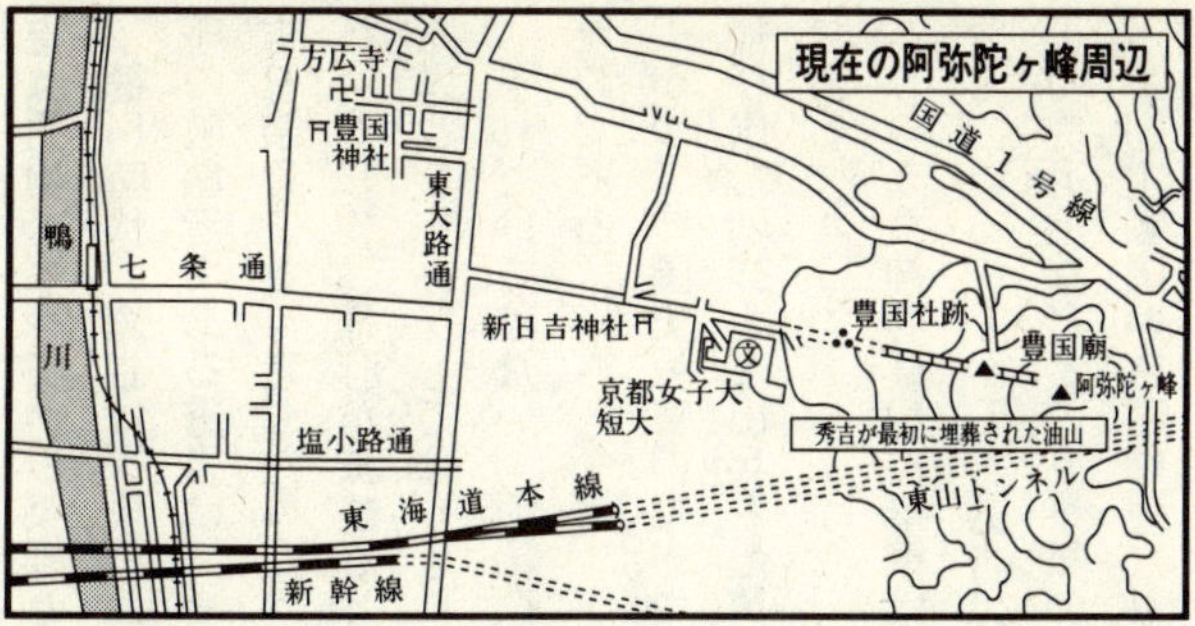

すなわち、当初の墓は阿弥陀ヶ峰の中腹（油山）にあり、明治になってから頂上に改葬されたということである。

もし、改葬時期が明治でなく、さらに発掘者が神官でなければ、一世の英雄秀吉の個人としてのデータがもっと得られたのに、それが残念だと思うのは、私だけではあるまい。

明治の国策――秀吉、英雄として復活

ところで、読者は疑問に思うかもしれない。

江戸時代はだれ一人参拝することもなく打ち捨てられていた秀吉の墓が、なぜ明治に入ってから大々的に改修されたのか。

これには明治の国家との関連が大いにある。豊臣秀

吉は明治になってから英雄として復活したのである。

徳川時代、秀吉は不当におさえつけられていた。徳川氏の敵であり、固定した身分秩序の破壊者である秀吉は、一種のタブー的存在であった。『太閤記《たいこうき》』の出版を禁じ、秀吉を祭ることも禁じたのだが、秀吉の人気はいっこうに衰えず人々のなかに生きつづけた。そして、幕府が滅びると、秀吉は明治の立身出世主義のシンボルとして、偉大なる先達《せんだつ》として再びもてはやされるようになった。

それだけではない。明治政府は日本の大陸侵出政策の守護神として、秀吉を復活させたのである。

かつての国史教育のなかで、皇国史観による英雄が多数登場したが、この狭い日本を飛び出し朝鮮まで出兵した英雄というと、三人しかいない。神功《じんぐう》皇后と天智《てんじ》天皇と秀吉である。

このうち神功皇后の事績はあまりに古すぎ真実味にも乏《とぼ》しいものだし、天智天皇は惨敗している。しかし、秀吉は違う。少なくとも緒戦においては連戦連勝したし、加藤清正の虎退治などという景気のいい話もある。

帝国主義国の末席に連なり、これから脱亜入欧してアジアの一等国を目ざそうという

▲中村公園（名古屋・西区）にある豊臣秀吉を祭る豊国神社

日本としては、かつての朝鮮を侵略した英雄がいたということは、大いに喧伝《けんでん》に値することだったのである。

この国策のもとに鉦《かね》や太鼓《たいこ》をたたいたのが、華族を中心に組織された豊国会という団体である。

会長は黒田侯爵、そのほかにも浅野、蜂須《はちす》賀《か》、前田といった豊臣家の旧大名がずらりと名を連ねている。関ヶ原の戦いや大坂の陣では力を貸さなかった旧大名も、このときにはずいぶんと合力《ごうりよく》している。

秀吉の墓の強引な発掘も、じつはこういった大陸侵攻策の進められるなかで起こった事件だったのである。

現在の秀吉の墓にのぼる五百段の石段も、

このときつくられた。そして、明治三十一年に豊公三百年祭という大々的なおひろめが行なわれたのである。

いま、秀吉の墓は豊国廟とよばれ、再び静寂《せいじゃく》をとり戻している。日中はほとんど訪れる人もなく、墓にのぼる石段は昼なお暗い。女性の一人歩きはすすめられないほどの静けさである。

しかし、よく境内を観察すると、日清《にっしん》戦争戦勝記念の植樹とか、記念碑があちこちに見捨てられたように散らばっている。

やはり、秀吉は侵略の英雄としてよりも、農民から身を起こした立身出世の神様として祭られるほうがいい。本人もそのほうが喜ぶと思うが、どうだろうか。

武田信玄の謎に包まれた上洛ルート

仮想する二つのルート

生涯の過半を戦陣に置き、小国甲斐《かい》（山梨県）の領主から戦国最強の大名となった武田信玄が、天下制覇《せいは》の野望に燃え最後の征途についたのは元亀三年（一五七二）十月三日。初冬の冷気が流れはじめるころであった。甲府の躑躅《つつじ》ヶ崎《さき》館を発した甲州軍団の総勢は、秋山信友《のぶとも》に授けた別働隊の五千の兵、そして信玄自身が率いる本隊が二万の計二万五千。

この威風堂々の陣営を整えた征途は、世に「信玄の上洛戦《じょうらく》」とよばれている。

かつて私は小説『信濃《しなの》戦雲録』『覇者』で、天下の夢をいだき、上洛して行く信玄を描いた。ただ、そのころから頭のすみには、あのとき信玄は心底から上洛を考えていたのかどうかとの疑念もあった。

たしかに『甲陽軍鑑《こうようぐんかん》』によれば信玄は、いまわの際《きわ》に、自分の死を三年間秘すこととともに、山県昌景《やまがたまさかげ》を枕頭《ちんとう》によび「明日はその方、旗を京の瀬田《せた》にたて候へ」との遺言を残している。それで、私が名づけた「逆算の論理」という理由づけによって、信玄は上洛を企図していたとされてきた。しかし、誇張や修飾が多いといわれている同書に記された遺言だけで、信玄の最後の征途を、そのまま上洛に結びつけるのは短絡的《たんらくてき》にすぎるのではないだろうか。

ほんとうのところはどうだったのか。仮想する二通りの「信玄の上洛ルート」に検討を加えながら、なぜ信玄が仮想ルートを進まず、史実にあるルートを進んだのかを推理してみよう。

仮想ルート(1)〔一三二ページ〕は、本隊は富士川に沿うかたちで駿府《すんぷ》（静岡市）に下り、そこから東海道を西上し、別働隊が飯田から天竜川に沿って南下し、二俣《ふたまた》城を攻めるルートである。このルートなら、行軍距離も短縮され、新たな領国駿府から遠江《とおとうみ》にかけて東海道を粛々《しゆくしゆく》と西進すれば、武田の武威を示すこともできるというわけだ。

仮想ルート(2)〔一三三ページ〕は、本隊が飯田から東美濃《みの》の要鎮岩村城を奪取し、濃尾《のうび》平野に出て信長との野外決戦を試み、別働隊は根羽と飯田で二手に分かれて三河《みかわ》東部と遠江に侵入するという東美濃直撃ルートである。

甲州軍団は百戦錬磨の軍団ではあるが、信長の軍のように傭兵《ようへい》集団ではない。合戦がないときは農作業に従事する農兵集団である。それだけに東美濃直撃ルートをとれば短期決戦が期待できるというように、二通りの仮想ルートには、いちおうの説得力がある。

だが、信長は、これらのルートをとらず、高遠《たかとお》城から天竜川沿いに南下し、険阻《けんそ》な青崩《あおくずれ》峠を越えて浜松に出るルートを選んでいる。

では、なぜ信玄は現在でもたびたび落石があり、危険このうえない山道に大軍をおし進めたのだろうか。

家康軍を分断させた行軍戦略

信玄が仮想ルートを選択しなかったことでまずクローズアップされるのは、徳川家康がのちのちまで敬服したほどの信玄の兵法軍略の才である。

当時、家康の兵力は信玄の四分の一にも満たないものであった。だから撃破はできる、といって駿府から東海道を西進すれば、家康軍は家康方の要衝高天神《たかてんじん》城と家康の主城浜

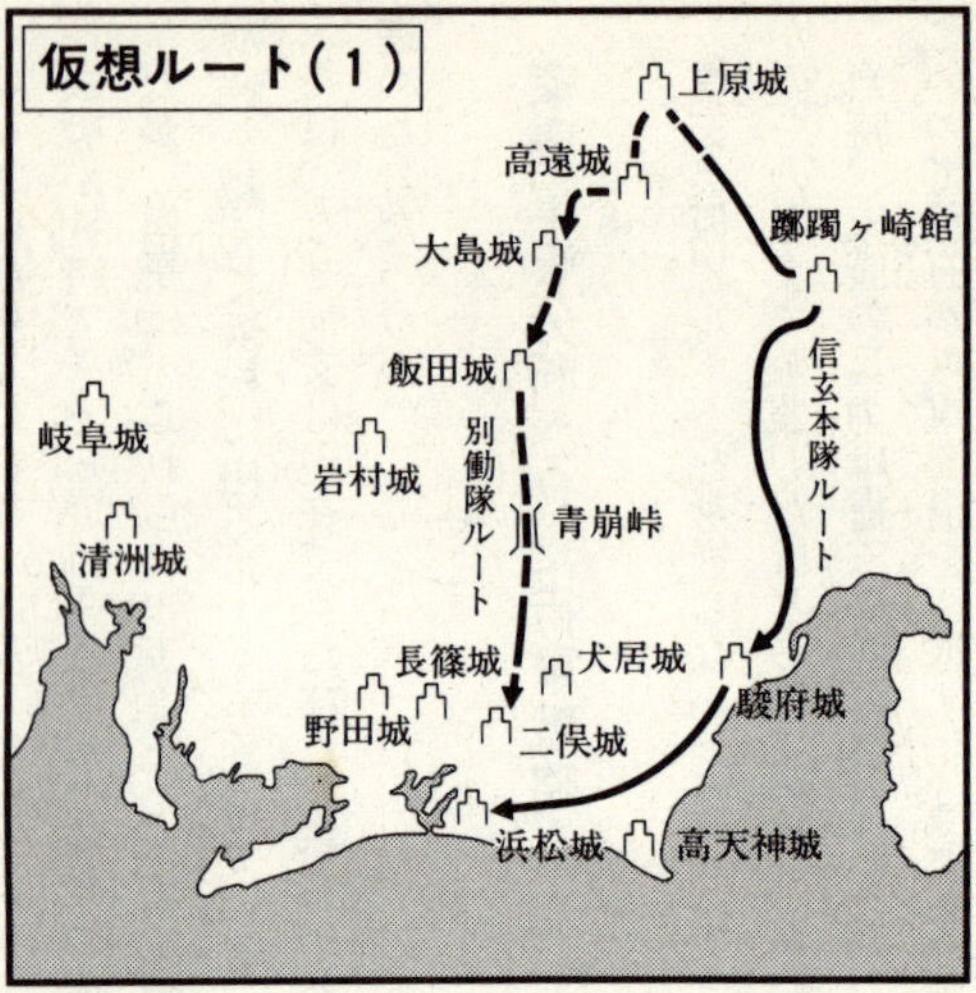

(1)

松城さらに岡崎城にかけて防衛ラインをつくる。

それを突破して行くには、自軍に相当な犠牲が出ることも覚悟しなければならない。これは信玄の軍略家としての誇りも許さない無策というしかない。

そこで信玄は意表を衝《つ》いて青崩峠から山道を犬居《いぬい》城に向かい、遠江《とおとうみ》（静岡県）に侵入して二俣城を攻撃する策をとったのだろう。二俣城は家康の遠江北部の頼みであり、東の高天神城と浜松城の中間に位置している。信玄は、そこをおさえることで、家康軍を分断したのである。

二俣城を落としたあと、信玄はいったん西進するかまえを見せてから、急遽《きゅうきょ》秋葉街道を南下し、家康の立て篭もる浜松城に近づき、再び進路を西にとり、三方《みかた》ヶ原《はら》に出て休憩をとっている。挑発である。篭城《ろうじょう》した敵を討つには野戦の何倍もの戦力を消耗する。そこで信玄は、家康をおびき出す作戦に出たのだ。

(2)

「信玄に浜松を素通りされては、自分の威信は地に落ちる」と、家康が信玄の手に乗って、三方ヶ原で惨敗、ほうほうの体《てい》で浜松城に逃げ帰ったのは周知のとおりである。

次に仮想ルート(2)の場合は、信玄の軍略思想の点で実現には無理があったものと思われる。

甲州軍団の、「風林火山」の旗印からは、文字どおり疾風怒涛《しっぷうどとう》の侵略、戦いぶりを想起するが、実際の信玄の戦略は、甲斐《かい》（山梨県）を固めて信濃《しなの》

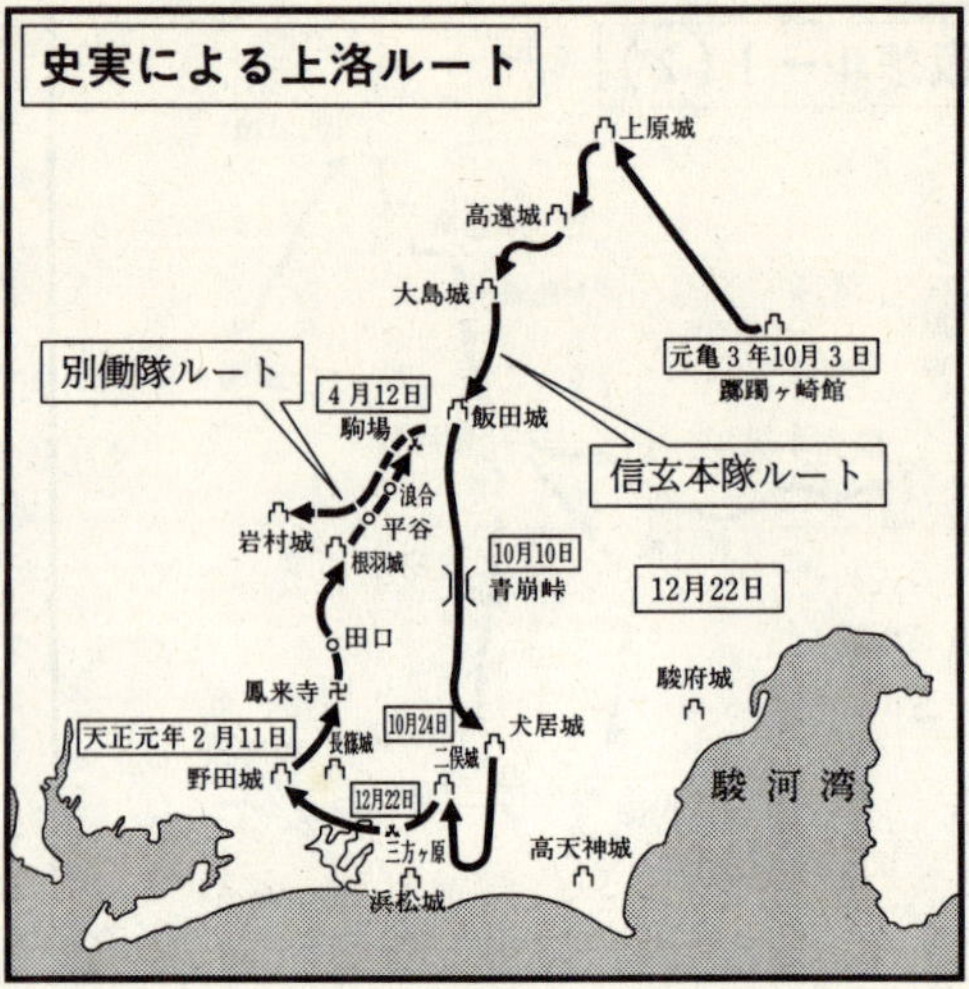

(3)

（長野県）を攻め、信濃から上野《こうずけ》（群馬県）をうかがっていることからも推測できるように、きわめてオーソドックスである。

信長が、近江《おうみ》（滋賀県）の浅井長政《ながまさ》に妹を嫁がせて通行権を確保し、南近江は武力で道を開かせるなど戦法はさまざまでも、尾張《おわり》（愛知県）から京までの上洛ルートを直線的に構築したのとは対照的に、信玄は陣取り合戦の要領で領国を拡大している。

領国と領国をつなぎながらの進攻を鉄則にする信玄が、一足飛びに東美濃《みの》（岐阜県東部）に攻め入り、信長を討って上洛することは考えられない。それに、東美濃直撃ルートでは、遠江と三河《みかわ》（愛知県）を領している家康を背後に置くかたちになり、信長と家康に挟撃される恐れが残る。これも上策ではないと信玄は判断したにちがいない。

遠江、尾張を突き、そして上洛

このようにみてくると、信玄が実際に軍を進めたルートには、〝信玄上洛〟のねらいが垣間《かいま》見えるような気もしてくる。

信玄が意を決して上洛の途についたのは五十二歳のときである。

それまでに信玄は、宿敵上杉謙信と五度に及ぶ死闘を繰り返しながら、本国甲斐と信濃を拠点にして西上野《こうずけ》、東美濃、駿河《するが》（静岡県）へ勢力圏を広げていた。もはや関東の巨大勢力である。彼の矛先《ほこさき》が天下に向けられるのは時間の問題という状況であり、信玄がそれを意識したとしても不思議ではない。

問題は、元亀三年（一五七二）の征途で一気に上洛する構想があったのかどうかだ。

信玄の上洛ルート、先に述べた領国の順次拡大戦略、当時の状況を冷静に眺めて判断すると、元亀三年の段階では、とりあえず家康をたたき、遠江をおさえることに主眼を置いた征途であったように思えてならない。

信玄は、信長包囲網をしいていた。信長も謙信に近づき、信玄牽制《けんせい》をねらっていたが、その謙信に対して信玄は、本願寺を通じての一向一揆《いっこういっき》、相甲同盟を結んだ相模《さがみ》（神奈川県）の北条氏政《うじまさ》を当たらせている。

そして信長に対しては、越前《えちぜん》（福井県）の朝倉義景《よしかげ》、近江の浅井長政と結び、伊勢《いせ》（三重県）の北畠具教《きたばたけとものり》、石山本願寺、延暦寺《えんりやく》の僧兵、大和《やまと》（奈良県）の松永久秀《ひさひで》とも信長攻撃の約を交わしていた。

この信長包囲網構築の動きを見るかぎり、信玄は、自分の野望の前に立ちはだかる障害は、すでに京をおさえていた織田信長ただ一人とみて、いつの日か信長を討ち取る意識を固めていたことは間違いない。

信玄が遠江の侵略に向かったのも、同地が信長の金城湯池《きんじようとうち》（守りが堅固で容易に攻め落とすことのできない城）ともいえる財力豊かな尾張《おわり》（愛知県）の防壁となっていたからとも考えられる。

まず遠江の防壁を崩し、近江で浅井・朝倉連合軍と戦っている信長を背後から突けば、信長を討つ可能性は十分にある。ともかく家康が敗北した三方ヶ原の戦いでも、信長は三千の援兵しか送れる余裕がなかった。

いま、信長の戦線は際限なく広がり戦力は低下している。だから、遠江をおさえ、尾張を切り取ったのちに、間を置いて上洛する、というのが老練な軍略家の描いていたシナリオだったのではないだろうか。つまり二段階論である。そう考えられるのは、信玄には信長を討ったのち上洛するために、伊勢あるいは近江を通るにせよ、信長のように上洛ルート確保の工作を行なった形跡がまったくないからである。

ところで、三方ヶ原で家康を破ったのちに、領国を順次拡大する戦略をとる信玄が、そのまま浜松城を攻めず、西進しようとした行動が腑《ふ》に落ちない読者もいるかもしれない。

▲武田信玄

信玄に、それまでの一貫した侵略の方途を変更させたのは、おそらく彼を襲った死の予感だろう。信玄は三年あるいは五年をかけて上洛、天下制覇《せいは》をもくろんでいたのではないだろうか。その最初のステップが家康の討滅だった。家康を討てば信長包囲網は格段に強化される。その構想を実現させるには時間がないと、信玄は最後の征戦の途中で感じたにちがいない。

信玄の病については、側室の諏訪御料人が結核で死んでいること、侍医の御宿監物の書状に「肺肝に苦しむ」との記述があることから、肺病との説もある。だが、新田次郎氏は、胃がんの説をとられている。

『熊谷《くまがい》家伝記』には、信玄の病気を「癨《かく》という病の由《よし》風聞す」と記されてあり、私も胃がん説を信じたい。癨は胃がんの昔の呼称である。

いずれにせよ信玄の病状は、三方ヶ原の戦いの直後に悪化している。信長軍を牽制しているはずの朝倉義景が、突然越前に引き揚げてしまったことが、信玄の落胆につながり、病状をさらに悪くしたともいわれる。だが、冬になれば本国が雪に閉ざされるため、朝倉にも出張《でば》っていられない事情もあった。となると、信玄が病に倒れ、志半ばに甲府への帰途、駒場《こまんば》で五十三歳の生涯を閉じたことも、また命運といわざるをえない。

死は天才的な軍略家の計算には入っていなかったのである。

「水戸黄門」はいかにしてつくり出されたか

正義の味方というけれど

水戸黄門というキャラクターは、非常に人気がある。老人から子どもまで男女を問わずに幅広い人気を誇っている。

これはとてもめずらしいことだ。

歴史上の英雄、偉人数々あれど、それに対する支持層は片寄るのがふつうである。若い男女に人気のあるキャラクターは老人に人気がなく、老人の好きなキャラクターは若い男女に人気がない。

ところが黄門様はだれにも人気がある。

なぜか？

高貴の生まれでありながら下世話《げせわ》（世間でよく口にする言葉や話）に通じ、天下の副将軍でありながら諸国を漫遊し、悪政に苦しむ人々を助ける。時は元禄、悪名高い犬公《いぬく》方《ぼう》徳川綱吉《つなよし》と老中柳沢吉保《ろうじゆうやなぎさわよしやす》の時代である。犬や獣を人間よりたいせつにする政治が行なわれている。

黄門様は敢然《かんぜん》と江戸城に乗り込み、将軍綱吉を諌《いさ》め、老中柳沢吉保の悪巧《わるだく》みを粉砕する――とまあ、こんな、筋書きのドラマがえんえんと展開する。弱きを助け強きをくじく正義の味方、これなら人気が沸騰しても不思議はない。

老人であることも、かえって老若男女すべての支持を集めやすいのかもしれない。しかし、夢を壊すようだが、これは全部講談である。講談とはなにか、いわゆる虚構であり、もっと身も蓋《ふた》もないいい方をすれば、でたらめであり、うそである。

水戸黄門という人は、けっして天下の副将軍ではなかったし、諸国を漫遊してもいない。悪政になんの抵抗もできなかった、政治的敗者といってもいい。それどころか「黄門」とよばれたことすらなかった。

問題は二つある。

一つは、水戸黄門いや歴史上の実在人物である徳川光圀《みつくに》が、実際にはどんな人間でどんな生涯を送ったのか。

そうしてもう一つ、歴史というものを考えるのにはこちらのほうがより重要なのだが、どうして「敗者」光圀が「英雄」黄門となったのか。なぜそうなったのか。そのあたりを考察することで、歴史というものが立体的に見えてくるはずである。

幕府に「副将軍」という職はない！

光圀は寛永五年（一六二八）、徳川御三家（尾張、紀伊、水戸）の一つ、水戸家の当主徳川頼房《よりふさ》の三男として生まれた。

▲徳川光圀

ところが、彼は若様として待遇されたのではない。家臣の家で生まれ、家臣の子として育てられた。少年時代は野山で遊び、町民の暮らしもその目で見ている。下世話に通じているというのはうそではなかったわけだ。

余談だが、「遠山の金さん」こと実在の名奉行遠山金四郎も、「暴れん坊将軍」徳川吉宗《よしむね》も、同じ育ち方をしている。人気の出る人物の条件の一つがこれかもしれない。そういえば、桃太郎侍《ざむらい》もそうだし、実在した「鬼の平蔵」もそうだ。

ところで三男であった光圀だが、運命のいたずらか水戸徳川家の跡を継ぐことになり、二代目藩主となった。三代将軍家光《いえみつ》から「光」の一字をもらい、人生はまさに順風満帆《まんぱん》であった。

ここで「天下の副将軍」について説明を加えておこう。

江戸時代の制度のなかに副将軍という職はない。いまの総理大臣に当たる老中《ろうじゆう》の上に臨時に大老《たいろう》が置かれることはあったが、将軍の補佐役としての副将軍など影も形もないのである。しかし、御三家の一つで江戸にいちばん近い水戸藩主には、他のどの大名にもない特権というか義務というか、定めが一つあった。

江戸時代の大名に参勤交代の義務があったことはご存じだと思う。本国と江戸屋敷を定期的に往復し、妻子はかならず江戸屋敷に置かねばならない。大名の謀反《むほん》を防ぎ財力を削《そ》ぐには、これほど有効な手段はほかにない。御三家の尾張、紀伊の両家もこれを免れることはできない。

ところが、水戸家だけはそれをしなくてもよかった。というよりも水戸藩主は江戸屋敷に常駐していなければならないのである。「本国」のはずの水戸に帰るのには、幕府の許可すら必要とする。これを「定府《じょうふ》」の制という。

これが参勤交代をしなくてもよい「特権」と解すべきか、江戸在住の「義務」を課せられたと解すべきか、おそらく後者のほうだろうが確かなことはわかっていない。しかし、なぜ水戸藩主が江戸にいなくてはならなかったか、理由のほうは容易に想像がつく。

つまり江戸になにか急変があった場合のおさえとしてだろう。私だけではなく江戸時代の人間もそう考えていたらしく、そのあたりから「水戸は天下の副将軍なり」という考えが出てくる。はじめにこれをいい出したのは、どうやら水戸藩の周辺らしい。そしてそのことは後世意識的に宣伝されたふしがある。

この点についてはあとでふれるが、もう一つ注意していただきたいのは、水戸は御三家の一つではあるが、三家のなかでは家格がいちばん下だということだ。

これは尾張、紀伊が徳川家康の第九男、第十男を祖としているのに対し、水戸家の祖は第十一男の頼房《よりふさ》（光圀の父）であることが原因だが、石高でも水戸はわずか二十八万石（のちに三十五万石に加増）、官位は権《ごん》（副）中納言《ちゅうなごん》どまりで、六十二万石で権大納言まで進める尾張と、五十六万石で同じく権大納言に進める紀伊に差をつけられている。

江戸時代というのは秩序が固定された時代だから、この席次は永久に変わらない。当然、江戸の総本家に人が絶えた場合は、尾張、紀伊の二藩から跡継ぎが出されることになる。水戸は家格が一段下だから除外されるのである。

のちに十五代将軍を継いだ慶喜《よしのぶ》は水戸家の出ではあるが、御三家に準ずる御三卿《ごさんきょう》の一つ、一橋《ひとつばし》家に養子に行き、そこから総本家に入ったのである。

自分の家はいざというときに将軍を継ぐ権利はない――これは尾張、紀伊に対する大きなコンプレックスになりうる。水戸がみずから「天下の副将軍」を任じ、将軍にはなれないにしても、いざというときの代理にはなることができ、将軍の跡継ぎ問題に発言権があると考えたのも、このあたりに理由があるのだろう。

いや、もう一つ理由がある。

光圀自身の行動である。光圀は、将軍跡継ぎ問題に乗り出し、自分の意見どおりに事を決着させた。それも天下の大老を向こうに回してである。それは延宝八年（一六八〇）のことだ。

四代将軍家綱《いえつな》が死んだ。四十歳の若さである。しかも家綱には男の子がいなかった。そこで跡継ぎ問題が生じた。このときは家綱に弟がいたので、御三家（尾張、紀伊）の出番はなかった。

本来ならば、弟（綱吉《つなよし》）が継ぐことになんの異議もないはずだが、幕閣の最高権力者の地位にある大老酒井忠清《ただきよ》がとんでもないことをいい出した。京都から宮家の血筋を引く男子を迎えて仮の将軍として仰ごうというのだ。

忠清がなぜそんなことをいい出したのか、その真意は謎《なぞ》である。しかし、彼自身の権力を失うまいとの意図が心底にあるのは間違いあるまい。徳川家に対する忠義という観点からみれば、将軍の弟がいるのに、徳川家以外の人間に将軍の座を渡すというのは反逆に近い所業である。

このとき光圀は、徳川家の親族代表として、大老の方針に猛反対し、見事にくつがえしたのである。綱吉はもう成年に達していたし、学問は学者並みにでき人物もいい。少なくともそういう評判があった。たとえ素行や体質に不安がある人間でも、将軍を継ぐ第一の条件は血統である。綱吉はほかに有力なライバルはいないし、並み以上の人物であるということもあり、光圀の正論が通ったのである。まさに光圀は事実上の「天下の副将軍」として働いたのである。

▲徳川綱吉

光圀は政治的敗者だった

しかし、光圀の順風満帆はここまでであった。皮肉なことに光圀が強く推《お》して実現した将軍綱吉が、光圀の人生航路をじゃましはじめたのだ。

綱吉は狂気の人であった。彼の暴政を語るにはたった一つの事実を指摘すればよい。それは「生類憐《しょうるいあわれ》みの令」という前代未聞の悪法を実施したということである。動物愛護令などではない、これは人間の尊厳というものを破壊した法律である。

詳しく説明するまでもなく、よくご存じのこととは思うが、この法律がいかに元禄の世の人々を苦しめたか、実例を二、三あげておこう。

子どもが吹き矢で鳥を殺したというので死刑という例があり、狂犬にからまれてやむをえず殺した者も死刑にされた。また綱吉の小姓《こしょう》が頰《ほお》にとまった蚊をたたきつぶし、その死骸《しがい》をつけたまま綱吉の前に出た。そのためその身は遠島《えんとう》、家は取りつぶしに遭ったという例もある。

この時代、お家断絶ということは、武士にとって最も苛酷《かこく》な刑罰である。それをたかがが蚊一匹殺しただけで科したのだ。

しかも、この法の施行の動機というのが、ふざけている。綱吉に男子が生まれず悩んでいるところへ、護持院隆光《ごじいんりゅうこう》というおべんちゃら坊主が、前世の因縁のせいであり、犬を大事にすれば立派な跡継ぎが生まれるなどと出任せをいったからである。綱吉は隆光のすすめるままに、犬や獣を人間以上にたいせつにする法律をつくった。それも子どもがほしいという自分一人の欲望を満たすためである。

強調しておかねばならないのは、この悪法「生類憐みの令」は綱吉が死ぬまでずっとつづいたということである。綱吉が生きている間は、この野蛮《やばん》で残酷きわまりない法律にだれ一人反抗することはできなかった。

それが真実なのである。

光圀を政治的敗者とよんだのは、これが理由だ。結局、光圀は綱吉の悪政を正すことはできなかったのである。もっとも光圀ただ一人に責任を負わせるのは酷かもしれない。そんなことはだれにもできなかったのだから。

ちなみにこの悪法を廃止したのは、綱吉の死後六代将軍となった家宣《いえのぶ》である。光圀はみずから強く推した綱吉が将軍の座について以来、「副将軍」らしいことはなに一つできなくなってしまったのである。綱吉は恐るべき独裁者となってしまったからだ。

当然ながら、全国を自由に旅することなどできるはずもない。本国に帰るのすら許可がいるのだ。おそらく光圀は江戸と水戸を生涯に数回往復しただけだろう。あるいは武士政権の発祥地である鎌倉を訪ねたことはあったかもしれない。しかし、箱根の関を越えたことはあるまい。江戸時代というのは大名に旅行の自由はない。旅行もしないのに、助さん格さんがいたはずもない。

もっともこの助さん格さんについては、根も葉もないでたらめではなく、根ぐらいはあるらしい。講談の格さんこと渥美格之丞《かくのじょう》、助さんこと佐々木介三郎、この二人に対し安積覚《あさかかく》、佐々介三郎《さっさ》という人物が実在した。それも光圀の側近としてである。

ただし武芸の達人だったわけではない。学者である。専門は歴史つまり日本史であり、佐々介三郎のほうは史料を求めて全国を旅したようだ。湊川《みなとがわ》に楠木正成《くすのきまさしげ》の碑を建立《こんりゅう》したのも彼だという。もちろん光圀の指示を受けてのことである。

楠木正成は、朝廷が二つに分かれた南北朝時代、後醍醐《ごだいご》天皇の知遇を受け、建武《けんむ》の中興に尽力し、一度は天皇親政を実現したが、室町幕府の創始者足利尊氏《あしかがたかうじ》の反撃に遭って湊川で戦死したという悲劇の英雄である。

明治から大正そして戦前の軍国主義の時代にあっては、楠木正成とは天皇家に絶対の忠誠を尽くした家臣、模範とすべき忠臣としてだれ知らぬ者がいないくらいであった。明治政府が天皇の政権であったことから、楠木正成の事績が盛んに紹介、喧伝《けんでん》されたわけだが、では江戸時代はどうだったかというと、完全に埋もれた存在であったのである。

徳川幕府というのはいうまでもなく武家政権であり、室町幕府の流れを汲《く》むものである。つまり天皇家（公家《くげ》）をおさえつけた政権だ。だから、武士でありながら公家政権樹立のために戦った正成は、幕府側からみれば敵ということになる。それゆえ、忘れ去られた存在であったのだ。

▲後醍醐天皇

幕府滅亡のタネを蒔《ま》いた？

ところが、この武家政治（幕府）の敵ともいうべき楠木正成を、光圀はなぜわざわざ賞揚したのか。

ここで光圀の文化史上の業績にふれておかねばな

らない。『大日本史』の編纂《へんさん》というのがこれだ。

『大日本史』──全部で三百九十七巻に及ぶ大部の史書である。神武《じんむ》天皇から後小松《ごこまつ》天皇（在位一三八二〜一四一二）まで、中国の『史記』を模範とした体裁である。

編纂の基本理念は朱子《しゅし》学の大義名分論だ。もちろん短期間にできるものではない。おおぜいの学者を集め全国に史料を求め、何年もかかって少しずつ本文をつくっていく。安積覚も佐々介三郎もそのために集められた。費用は全部水戸藩もちである。この史書は当然ながら光圀の在世中には完成しない。全部が完璧《かんぺき》なかたちでできたのは、なんと明治になってからだ。

それだけの大事業を、なぜ光圀ははじめたのか？

御三家の一つとはいえ水戸藩はけっして裕福な藩ではない。しかし、日本史の編纂などというのは元来国家事業である。幕府がやるべきものだ。それなのに光圀は、幕府に命令されたわけでもなく、援助を受ける見込みもなかったのに、この大事業を開始したのだ。自分の藩を財政的窮乏《きゅうぼう》に追い込むかもしれない事業を、である。

この情熱はいったいどこから来たのか。

ここに「水戸黄門」の謎を解く重大な鍵《かぎ》がひそんでいるような気がしてならない。

▲ＪＲ水戸駅前に建つ水戸黄門像

通説では次のようにいっている。

無頼《ぶらい》の日々を送っていた若き日の光圀はある日、中国の『史記』を読んでいたく感動する。そして、日本にもこのような立派な通史があるべきだと史書編纂の志を立て、振る舞いをおさめるようになった——というのである。

しかし、私はこれこそ「講談」だと思う。光圀に歴史編纂の志が若いころからあったことは認めてもいいが、あれほど大がかりな史書にしたというのは、またなにか別の理由があるのではないか。

その理由について、私はまず『大日本史』全体を貫く史観である大義名分論に注目する。大義名分——現在でも「君の行動には大義名分がない」などという使い方をするが、本来は儒教《じゅきょう》（朱子学）の用語であり、「人として、また、臣民として守るべき節義と分限」（『広辞苑』）のことである。平たくいえば、君主の存在を認めたうえでの、家臣として守るべき道のことである。

では君主とはなにか。朱子学ではそれを王者と覇者《はしゃ》に分ける。覇者とは今日「セ・リーグの覇者」などという使い方をするが、本来は「武力、権謀を用いて天下を取った者」のことである。つまり悪い意味なのだ。

これに対して王者とは「仁徳を根本とした政治を行なう君主」のことである。朱子学の認める正統なる君主はもちろん「王者」にほかならない。そして覇者は滅び、王者が栄えるべきだというのが結論になる。

この朱子学のイデオロギーを日本に移入したのは徳川家康である。彼が御用学者の林羅山《はやしらざん》らに命じて朱子学移入の端緒を開いたのは、たんなる学問好きが理由ではない。それは端的にいえば「明智光秀《あけちみつひで》の出現を防ぐため」である。

徳川幕府を永続させるためには反逆を許してはならない。そのために君主に対して絶対の忠誠を説くイデオロギーが必要だった。家康は幕府の公式イデオロギーとして朱子学を選んだのだ。

ところが、この朱子学が結局は幕府を滅ぼすもとになったのだからおもしろいではないか。まさに歴史の皮肉というべきだが、それは先ほど述べた王者の定義に関係がある。

日本人は海外から思想を移入したとき、よくその思想の原形はもとから日本にあったのだといいたがる。これはおそらく本家に対するコンプレックスのなせるわざだと思うが、たとえば民主主義を移入したあと、本来の民主主義は日本にも昔からあったというようないい方である。朱子学についてもそれが出てきた。その学者たちの主張を現代風にまとめてみると、次のようになる。

「中国中国と偉そうにいうが、中国には朱子学の定義する本来の君主（＝王者）がいるのか？　いないではないか。なぜなら漢にしても元《げん》・明《みん》・清《しん》にしてもすべて前の王朝を力で滅ぼして取って代わっている。すなわち覇者だ、王者ではない」

ここまではいい。問題はその後、朱子学のイデオロギーを日本にむりやり当てはめたことだ。

「では日本を見てみよう。日本には真の王者がいる。万世一系の天皇家である。これは中国の王朝と違って途切《とぎ》れもせず国のはじめからある。これこそ朱子学のいう真の王者である。すなわち日本のほうが本来の中国（ここでは文明国の意味）である」

後段などまさにコンプレックスまる出しという気がするが、それはいい。問題は前段である。この考え方を突きつめていくと、いったいどういうことになるか。ちょっと考えてみていただきたい。これは幕府にとってはとんでもない危険思想なのである。日本を現実に支配しているのはだれか？　それは幕府の親玉である将軍である。では将軍というのは王者（＝正統なる君主）なのか？　朱子学を日本流に解釈すると、そうはならない。

王者というのは天皇家である。したがって徳川家は覇者ということになる。覇者（徳川家）は滅び去り王者（天皇家）が栄えるべし、というのが結論になる。つまり倒幕思想になってしまうのである。

もちろん江戸時代の真ん中で倒幕などと叫べば、文字どおり首が飛ぶ。だから、朱子学者たちも幕府滅ぶべしなどとは一言もいっていないが、そのタネは確かに蒔《ま》かれていたのである。家康もまさか幕府の支配強化のために移入した思想が、その屋台骨《やたいぼね》を揺るがすとは夢にも思わなかったろう。

このタネはのちに大きく実を結ぶ。幕末の尊王思想、勤王の志士のイデオロギーの根拠はまさにここにある。

覇者にすぎない幕府（将軍）が、真の王者たる天皇家を圧迫している。けしからん、天皇家に政権を返すべきだ――というのがその主張だ。

明治維新というのは、アジアを植民地化しようとする欧米列強に対し、日本が対抗できるように国家を変革したということだが、国内的には朱子学イデオロギーの正統論争であった。

幕府最強の将軍慶喜《よしのぶ》は水戸家の出身であることは先に述べた。この将軍は、将軍でありながら尊王思想の熱烈な信奉者であり、それゆえに大政奉還、江戸城無血開城が実現したといえる。彼はみずからのイデオロギーに忠実に従い、そして幕府の幕を引いたのである。

今世がだめなら来世があるさ

さて、朱子学の正統論について長々と述べてきたのには理由がある。賢明な読者はもうおわかりかもしれない。この論理を頭に入れて考えていただきたい。

光圀が、湊川に楠木正成（＝天皇家に対する忠臣）の碑を建てたこと。

同じく、大義名分論を根本史観とした大部の史書を編纂したこと。

この二つの仕事の意味をじっくりと考えていただきたい。

この二つはいずれも尊王思想の賞揚である。

では、当時の日本において尊王思想を突きつめると、いったいどういう結果を生み出すか？　歴史を編纂するということは、たいへんな事業である。文化的事業であることから、そのはじめるにいたった動機も美しいと考える人が多い。こう考える人は幸せな人である。

光圀は「正義」の許されぬ世にいたのである。

「生類憐みの令」が人間の尊厳を破壊する法であり、ただちに廃されるべきものであることは、光圀も十二分にわかっていたにちがいない。しかし、彼は皮肉なことに、その悪法を施行している将軍の家来なのである。家来としては主君に従わねばならない。

だが、その君主は暴君なのだ。どうして命をかけて諫言《かんげん》しなかったのか、などというのは、将軍というものの絶対権力を知らない人間のたわ言である。しかも日本的忠義からみれば、主君がどんなめちゃくちゃなことをいっても、ごもっともと従わねばならないのである（このあたりは中国とまるで違う。中国では主君が天道にはずれた行ないをしたら、かならず諫《いさ》めなくてはならない）。

しかし、心のなかの憤《いきどお》りは頂点に達しただろう。この憤りの捌《は》け口はどこに求められたか。

現世では正義を実現できないとしても、後世の正義の実現のためのタネを蒔《ま》く。もちろん光圀の正義とは朱子学における正義、すなわち大義名分を確立し、尊王斥覇《せきは》（王者を尊び覇者を排斥する）を進めることである。

それがどういう結果を招くか、光圀はおぼろげながら自覚していたのではないか。そしてその意図は、奇《く》しくも水戸家出身の将軍十五代慶喜によって実現されたのである。

みんな「正義の味方」がいてほしかった

もう一つの問題、光圀が「水戸黄門」として、どうして悪政と戦うヒーローとなったのかだが、この解明の鍵《かぎ》もやはり暴君綱吉にある。

綱吉にはだれ一人逆《さか》らうことができなかった。彼は暴政を死ぬまで貫き通したのである。しかし、民衆というものはそうした歴史を好まない。

史実はあくまで「悪が栄えた」のであるが、そこに「正義の味方がいた」と思いたいのである。しかし、まったくなにもしていない人間をヒーローにすることはできない。では、ヒーローになる（される）条件とはなにか。なんでもいい。少しでも綱吉に反抗したという事実があればいいのだ。

この点、最も象徴的なヒーローは赤穂《あこう》浪士であろう。

この赤穂浪士の討ち入りは、光圀の死後ではあるが、同じ綱吉の治世に起こっている。経過についてはよくご存じのことと思うが、ここで注意していただきたいのは、あれは「敵討《かたきう》ち」ではないということである。

えっ？　と聞き返す人がいるかもしれないが、よく考えてもらいたい。

赤穂浪士の主君浅野内匠頭《たくみのかみ》は吉良上野介《きらこうずけのすけ》に殺されたのではない。吉良が浅野を殺し、その吉良を赤穂浪士が討ったというなら、たしかに「敵討ち」である。しかし、実際はどうだ。未遂に終わったが殺そうとしたのは浅野のほうである。吉良は被害者だ。しかも、浅野を殺したのは死刑と宣告した幕府、というより将軍綱吉である。敵を討つというなら綱吉を殺さねばならない。

こう書けばおわかりだろう。

▲赤穂浪士により襲撃された本所松坂町の吉良邸跡（東京・墨田区）

あの事件において吉良はじつはスケープゴート（身がわり）なのである。ほんとうに非難されるべきは、ろくな取り調べもせずに即日切腹を命じた綱吉である。吉良はむしろ綱吉への当てつけとして殺されたのだ（あるいは、これだけの説明では納得《なっとく》されない方も多いかもしれない。詳しくは、小説『忠臣蔵元禄十五年の反逆』〈新潮社刊〉に書いておいたので、興味のある方はそちらをごらんいただきたい）。

もちろん民衆はその行為のなかに「将軍への反抗」を嗅《か》ぎ取った。だからこそ彼らは大人気を博したのである。その人気は暴君への反感の裏返しであることはいうまでもない。

当時は自由な言論のない時代である。「い

まの総理大臣はばかだ」といまなら堂々と書けるが、当時同じことをいったら首が飛ぶ。だから綱吉への反抗は、それとわかるかたちで出てこない。このへんが歴史を読むのにたいせつなポイントになる。元禄という世が、日本史上まれな享楽《きょうらく》の時代だったということも、綱吉という存在をキーにすればわかってくるのではないか。

話を光圀に戻そう。

つまり「水戸黄門」というのは、歴史上実在の徳川光圀に、「こうあってほしかった」という理想を投影したものなのである。

実際はそうではなかった。

しかし、そうあってほしかった。

江戸城にずかずかと上がり込み、将軍綱吉をやりこめる。老中柳沢《ろうじゅうやなぎさわ》をやっつける。地方を漫遊して悪代官を懲《こ》らしめる。

実際はそうでなかったからこそ、そうあってほしいという願いが強まったのである。そして、水戸黄門の仁徳を賞賛することは、結局綱吉が暴君だということを暗に強調しているのである。

これも言論が不自由な時代に「将軍はばかだ」という方法の一つである。

われわれはいまこういう「方法」の必要のない時代に生きているので、その感覚を失ってしまっているのだ。

「水戸黄門」売り出しには黒幕がいた

さて、ここでもう一つ疑問がわく。

赤穂浪士はその行動により、綱吉の在世中からたいへん人気があった。では、「水戸黄門」もそうだったのか？

それはどうも違うようだ。どうやら「水戸黄門」についていえば、その売り出しには黒幕がいるらしいのである。

それは水戸のもう一人の「御老公」徳川斉昭《なりあき》である。彼は幕末における水戸藩主であった。そして、どうも彼が講釈師に金をやり、盛んに「黄門物語」を語らせ人気を煽《あお》ったふしがある。

どうしてそんなことをしたのかといえば、先に述べた水戸藩のコンプレックスを思い出していただきたい。水戸からは将軍を出せないというあれである。

ところが、どうも斉昭は幕末の混乱に乗じて将軍になりたかったらしい。その準備段階のプロパガンダ（宣伝）として黄門の話を選んだのである。水戸藩は家康の孫である光圀を先祖にいただく血統正しい藩であること。光圀は将軍になってもおかしくないような（いや同時代の将軍よりははるかに立派な）君主であったこと。

この二つを宣伝したかったのだろう。過去のことをいっているようで、じつは現在のことをいっている。すなわち（光圀が綱吉よりすぐれていたように）斉昭は、現将軍より名君であるということなのである（直接、現将軍はばかだとはいえない）。

斉昭は将軍になれなかったが、その息子で一橋家に養子に行き、結局十五代将軍となった慶喜は、先祖の光圀がタネを蒔いた尊王思想にがんじがらめにされ、結局幕府を終わらせることになった。

歴史というものはほんとうにおもしろいものだ。

最後になったが、「黄門」という称号について述べておこう。

黄門とは中納言《ちゅうなごん》の唐名《とうみょう》（中国風のいい方）だという。もちろん普通名詞であり、黄門というのは一人でないはずだ。しかし、関白《かんぱく》をやめた人間の称号「太閤《たいこう》」が豊臣秀吉一人に独占されているように、黄門も光圀に独占されている。それはいいのだが、はじめに述べたように水戸家に生まれた者がのぼれる最高の位は権《ごん》（副）中納言であり、けっして中納言ではない。光圀も権中納言である。

どうして権中納言にすぎない徳川光圀が「水戸黄門」になったのか？

おそらく斉昭あたりが勝手に昇進させたのだろう。

「副将軍」斉昭が将軍なりたさに、先祖の権中納言光圀を水戸「黄門」にした——そう考えると、水戸黄門というのもなかなか象徴的な名である。

大久保はなぜ西郷と袂《たもと》を分かったのか

革命には有能な破壊者が必要

いろいろ不備な点があるにしても、やはり明治維新は偉大な革命であった。その革命の最大の功労者である大久保利通《としみち》と西郷隆盛が、どうして袂《たもと》を分かち、ついには敵味方となる破目《はめ》になったたか。

ある意味で、これは維新史最大の謎《なぞ》である。

しかし、革命の同志であり親友でもあった二人が、革命成功後に決定的に対立するということは、世界史上けっしてめずらしいことではない。

思いつくままにあげてみると、ロシア革命のレーニンとトロツキーの関係がそうだし、キューバのカストロとゲバラ、あるいは中国の毛沢東《もうたくとう》と林 彪《りんぴょう》の関係もそうだといえるかもしれない。

では、なぜそういうことが起こるか。

じつは私は、革命においてこういう決裂が起こるのは、「めずらしくない」どころか、必然であるとすら思っている。

これは革命という一つの現象が必然的に生み出す付帯現象だということだ。もっとわかりやすくいえば、革命が終わればかならず起こる現象だということになる。

けっして当人たちの性格の相違とか、革命後の情勢によるものではない。ある事件がそのきっかけのように見えたとしても、じつはその底流にはこの「必然」がある。

それを念頭に置いて、大久保と西郷との決裂をみていこう。

▲大久保利通

あらためて説明するまでもなく、大久保と西郷はともに薩摩《さつま》藩士で、幼なじみでもあった。幕末、倒幕の運動に参加する過程で、両者は互いに連携し、ついには共同して幕府を倒した。

しかし、その協力の方式をみると、そこにはすでに後年の対立の萌芽《ほうが》がある。

大久保が軍政や外交を主として担当したのに対し、西郷はあくまでも軍司令官だった。薩摩藩兵を率いて直接幕府軍と戦う軍人だったのである。

この関係は、カストロとゲバラ、あるいは毛沢東と林彪との関係に非常によく似ている。

たしかにカストロも毛沢東も実際に兵を率いて戦ったことはある。しかし、ゲバラや林彪が明らかに純粋な野戦指揮官であり、またその点において最大の才能を発揮するのに比べて、カストロや毛沢東はむしろ政治家として最も有能である。

あるいは建設者（調整者）と破壊者といってもいいだろう。

いうまでもなく革命とは、前体制を破壊することである。具体的には、前体制を支える軍隊と戦い、これを破壊させることでもある。

もちろんそういう世界に「平和憲法」などない。「名誉革命」もない。

ある体制を根本的に変革するためには、かならず武力を用いなければならない。変革しようとすれば、変革されまいとする力が働き、それは当然武力として用いられるからである。武力に対抗するには武力しかない。

これは古今東西を通じての歴史の鉄則である。残念ながら、いまだにこの鉄則はなくなってはいない。

先年の湾岸戦争がその事実を証明したばかりである。

だから、根本的な変革である革命に際して、時代はかならず有能な破壊者を必要とする。

西郷はその有能な破壊者であったのだ。

西郷との対立は避けがたかった！

しかし、西郷を「破壊者」と規定すると、いわゆる西郷ファンから厳しい抗議の声が上がるかもしれない。

温厚で篤実《とくじつ》な西郷のイメージと、破壊という否定的なニュアンスをもつ言葉が、どうしても一致しないといわれるかもしれない。

だが、ここでなぜ「破壊」をするかということを考えてほしい。それは新たな建設のためである。新しいビルを建てるためには、古いビルを取り壊さなければならない。

新しい建築物が大きく斬新《ざんしん》なものであればあるほど、古い建築物は徹底的に破壊されなければならない。

もし古い建築物の一部を利用するというなら、それほど徹底的に破壊する必要はないのだが、西郷はそうは考えてはいなかった。

彼の伝記を詳しく調べて気がつくのは、彼はその温厚なイメージとは裏腹に、かなり強硬な武断主義者であるという事実だ。

たとえば征韓論《せいかん》がそうだし、幕府との対決においても、彼は大政奉還よりも武力による討幕論者であった。

そういう事実があまり注目されないのは、一つは先に述べた温厚なイメージがあるのと、勝海舟《かつかいしゅう》とのトップ会談によって江戸城総攻撃を中止したという実績があるためだろう。

しかし、西郷が武力討幕論者の筆頭であったことは、少しでも西郷の伝記をひもといた者には常識だ。

大政奉還とほぼ時を同じくして出された討幕の密勅（天皇の秘密指令）には、「慶喜《よしのぶ》（徳川十五代将軍）を殄戮《てんりく》せよ」と書いてある。殄戮とは皆殺し、殺し尽くすことである。

この密勅は長州・薩摩両藩の藩主あてに出されたものだが、天皇自身がこんな過激なことをいうはずがない。天皇はまだ少年である。むしろ受ける側がヒントを与えたことは間違いない。

受ける側といっても、長州藩主は「そうせい侯《こう》」といわれたぐらい頼りない人物だし、薩摩藩主は（というよりその父である島津久光《ひさみつ》は）公武合体論者である。だから、この密勅の実質上の起草者は、当時薩摩藩の代表者であった西郷その人だろう。すなわち、西郷は徳川慶喜を「殄戮」するつもりだったのである。

なぜそんなことを考えたか、理由は先に述べたとおりである。世の中を徹底的に変えるには、前の体制を「殄戮」する必要がある。

そういう意味で破壊者西郷は、またきわめつけのロマンチストでもある。革命というものに対するロマンが大きければ大きいほど、それは徹底的な破壊を必要とすることになるのだ。

悪名も辞さぬ勇気も時には必要

ところがこういう徹底的な破壊を好まない人間もいる。

その代表がじつは大久保である。大久保も革命家にはちがいない。だから破壊はする。しかし徹底的な破壊はしない。なぜなら彼はリアリストだから、破壊したあとどうするかということをつねに考えてしまうのである。

ビルの破壊に譬《たと》えれば、西郷は新しい大きな建物をつくるために、徹底的に壊して更地《さらち》にしてしまえと主張する。

これに対して大久保は、いやそんなことをしたらあとの費用はどうする、全部壊してしまうよりは、柱や調度など利用できるものは利用しよう、場合によっては取り壊さなくても全面改装でもいいではないか、という考え方をする。

これは永遠の対立かもしれない。

そして世間がどちらをとるかといえば、いうまでもなく大久保のほうである。

これが小説や芝居の世界ならともかく、現実の世界ではロマンチストにはついていけない。俗ないい方をすれば、大久保についていけば飯は食えるが、西郷ではそれが危うくなるからだ。

これも世界共通の感覚である。ロマンでは飯は食えない。

レーニンとトロツキーの関係にもこれがある。

レーニンは一国社会主義をトロツキーは世界同時革命を目ざした。どういうことかというと、レーニンは革命が成功したソビエトという国を守り、とりあえずそのなかで社会主義を完成させようとした。後継者のスターリンもその路線を踏襲した。

ところが、トロツキーにはこれが気に食わない。社会主義者にとって資本主義の国というのは、すべて労働者を抑圧している敵である。だからロシア革命だけで満足しているのはとんでもない話で、次々に世界の国々で革命を起こすべく活動すべきなのである。レーニン、そしてスターリンにしてみれば、そのトロツキーの考え方こそ、とんでもないことで、まだソビエトの基礎が固まらないうちから対外戦略などはじめたら、それこそ敵に寄ってたかってつぶされてしまう。まず基礎を固めるべきなのである。そのためには「敵」である資本主義国とも、とりあえず友好関係を保って妥協《だきよう》していくしかない。

ところが「純粋な」トロツキーには、それが許すべからざる裏切りに見える。敵と結ぶとはなにごとだと叫ぶことになる。死んだ同志の霊も浮かばれない（？）という気になる。

無神論者だから「霊」の存在は認めないにしても、多くの同志はなんのために死んだのか、敵と握手をする国をつくるためではないぞという気はあったろう。一方、レーニンのほうはレーニンのほうで言い分がある。いまトロツキーのいうとおり、世界同時革命などに乗り出したら、せっかくつくったソビエトが崩壊してしまう。それこそ多くの同志の死をむだにすることになる、と反論するにちがいない。

大久保と西郷の関係もじつはこれとまったく同じである。

西郷ははじめの志と違って、慶喜を殄戮することはできなかった。なぜできなかったかというと、徹底的な破壊をきらうリアリストたちが、大政奉還という旧体制の温存を意図した手段を考え出したからだ。

もちろん西郷は慶喜を個人的に憎んでいたわけではない。しかし、革命というものは、旧体制の支配者の血を見なければ、本来はおさまりがつかないものだ。その意味では西郷がなそうとしていたことは正しかったのである。

それができなかったことに、西郷は根強い不満をいだいた。

この大政奉還を考えたのは土佐藩の連中だったが、いざ明治維新が成功し新政府ができると、こんどは大久保がそういう立場をとった。レーニンの立場である。革命の成果をとりあえず固めていこうという立場である。

▲征韓論（日比谷図書館蔵）　大久保・岩倉（左側）らと対立する征韓派

西郷はおもしろくない。彼にしてみればまだ革命は終わっていない。ビルは完全に取り壊されていない。それどころか古い建物を利用して、大久保は「営業」すらはじめる。

多くの同志はこんな建物をつくるために死んだのではない。彼はそう思った。だからこそ明治以後しきりに政府から離れようとする。

大久保はなんとかこの「暴れ牛」を政府部内にとどめたいと考えた。そこで新政府の代表として欧米視察に出かけた際、西郷にその留守を頼んだ。しかし、これが裏目に出た。留守中に征韓論が起こったのである。

これは、日本が新体制となり、新たに友好を得たいと国書を送ったのに対し、送り先の朝鮮がその国書を突き返してきたことに原因する。「新興国」日本は激高した。朝鮮に対して、なんらかの措置をとれという世論が盛り上がった。

西郷はこのとき、朝鮮との対立を決定的なものにしようとした。いわば事を荒立てようとしたのだ。そのためにみずから朝鮮に行って、殺されてもかまわないという決意をした。だからこれを「征韓」という言葉でよぶのは適当ではない。

いわば西郷は革命を輸出しようとしたのである。そのために日本と朝鮮が戦争になってもかまわない。両国がとことん戦って焦土《しょうど》と化してもいいのである。その徹底的な破壊のなかから、真に新しい体制が生まれてくるのだから。

しかし、これはリアリストである大久保にとっては、絶対に容認できないことだった。ついに大久保は西郷を政府部内から追放する決意をしたのである。

西郷は爆弾である。革命のときにはこれほど頼りになるものはないが、平時にはこれほど危険なものはない。

なまじロマンチストであるだけに、西郷は転向しない。大久保の決断はやむをえなかった。後世の人間が大久保を非難するのは自由だが、西郷が爆弾であることを認識せずに大久保を非難するのは不公平の誹《そし》りを免れないと思われる。

〔Ⅱ〕

隠された真相

大極殿のクーデター――日本の主権者を決めた最終戦

入鹿《いるか》謀殺グループの結成

それは皇極《こうぎょく》天皇四年（六四五、のちに大化《たいか》元年と改元）に起こった。

勝者の記録である『日本書紀』などによれば、当時蘇我《そが》氏は専横をきわめ、臣下の身でありながら勝手に人民を使役し、自身を「みかど」、子を「みこ」、生前につくった墓を「みささぎ」などとよばせた。いずれも本来は、天皇にしか許されない呼称である。心ある人のなかには、このまま放っておけば天皇家の存立自体が危うくなると考える者もいた。すなわち蘇我天皇の出現である。

ここにおいて、朝廷のなかに反蘇我グループが誕生した。蘇我氏の中心人物蘇我蝦《えみ》夷《し》・入鹿の親子を倒し、その勢力を朝廷から一掃することが目的である。

そのグループの中核となったのは中臣鎌足《なかとみのかまたり》である。のちに位人臣《くらいじんしん》をきわめ藤原氏の祖となるこの人物は、宮廷における神祇祭祀《じんぎさいし》をつかさどる家に生まれたが、家格はけっして高いとはいえず、蘇我氏の専制政治のもとでは冷遇されていたと思われる。

この人物がこのような大それた陰謀の主役となった理由だが、これから考えると皇室に対する忠義の心だけではないように思われる。一か八《ばち》か、蘇我の世をひっくり返すことができれば、自分は最大の功労者として一躍出世できる。そういう打算があったのかもしれない。ただし推測である。

だが仮にそういう打算があったにしても、日本最高の権力者であり、皇位を蔑《ないがし》ろにするほどの実力者である蘇我親子を討とうというのだから、勇気のある男であったことは間違いない。

もちろん鎌足だけではなにもできない。数の問題だけではない。天皇家のために蘇我を打倒するといっても、一人でやったのでは私怨《しえん》と間違えられる恐れがある。皇室のなかにだれか後ろ楯《うしろだて》をもち、その人を名目上の盟主と立てなければ、成功の暁に出世することもできない。

そこで鎌足が選んだ人物が、中大兄皇子《なかのおおえ》（のちの天智天皇《てんじ》）であった。鎌足がどうやって中大兄の信頼を得たか、そのきっかけについては有名な話が『日本書紀』に伝え

▲蹴鞠（「多武峰縁起絵巻」）　鎌足は脱げた中大兄の沓を拾って接近した

られている。

宮廷で行なわれた蹴鞠《けまり》の際、鞠を蹴ろうとして脱げてしまった皇子の沓《くつ》を、たまたま接触の機会をねらっていた鎌足が拾い上げ、そしてそれがきっかけとなって両者は親しくなったというのだ。

中大兄も、蘇我氏が聖徳《しょうとく》太子の子孫を滅亡させたことなど、許しがたき振る舞いとして憤《いきどお》っていた。ここに両者の連係は成立し、蘇我氏の一族でありながら冷遇されていた蘇我倉山田《くらやまだの》石川《いしかわ》麻呂《まろ》や、佐伯《さえきの》連《むらじ》子《こ》麻呂《まろ》などの同志を募《つの》り、作戦計画を立てた。

その作戦とは蘇我入鹿謀殺であった。

蘇我氏の中心人物入鹿を殺し、間髪を入れずに兵を挙げて、蘇我氏を権力の座から排除しようという、日本最大のクーデター計画であった。

クーデター決行の日

計画は念入りに練られた。

実行は六四五年の六月十二日の朝。

身辺にいつも護衛をつけ警戒していた蘇我入鹿を確実に殺すため、飛鳥板蓋宮《あすかいたぶきのみや》の大極《だいごく》殿《でん》で行なわれる儀式に事寄せておびき出すことにした。

三韓《さんかん》からの朝貢《ちょうこう》である。外交使節の到来であるから、天皇の前で表文（国書）が読み上げられる。そこには大臣《おおおみ》たる入鹿も立ち会わねばならないのである。もちろん護衛兵を連れて行くわけにはいかない。中大兄のクーデター・グループは、そこで入鹿を討ち取ることにしたのだ。

入鹿は大極殿にやって来た。中に入れば一人だ。ただし帯剣している。その剣を、俳《わざ》優《おぎ》（宮廷ピエロ）が言葉巧みにはずさせた。滑稽《こっけい》なことをいって、入鹿を笑わせ油断させ巧みに丸腰にしたのである。

三韓の表文は、仲間の石川麻呂が読むことになっていた。天皇の御前で石川麻呂が表文を読み上げているとき、それをわきで拝聴している丸腰の入鹿を一気に斬るという作戦だ。直接の討手《うちて》は佐伯連子麻呂と葛城稚犬養連網田《かつらぎのわかいぬかいのむらじあみた》である。鎌足は二人に剣を与えて、しっかりやれと激励した。しかし、二人は緊張の余り胃のなかのものを吐く始末だ。

鎌足は怒鳴りつけて、もう一度励ました。

いよいよ実行だ。石川麻呂が表文を読みはじめた。

中大兄は槍《やり》、鎌足は弓をもち、いざというときは子麻呂らを助けるつもりで殿中に待機していた。宮殿に通ずる十二の門がすべて閉じられ、入鹿の逃げ道は塞《ふさ》がれた。

準備は完了した。ところが、ここにいたって子麻呂ら二人がびびってしまった。なにしろ相手は鬼のような独裁者である。恐怖と緊張の余り、どうしても体が動かない。

一方、表文を読み上げている石川麻呂は、いつまで経っても二人が斬りかからないので、声が乱れ、手が震え、全身汗まみれになった。読み上げの最中に斬りかかる手はずなのに、このままでは読み終えてしまう――。

「なぜそんなに震える」

入鹿が不審気に問うた。

「天皇の御前で、あまりに恐れ多いので」

石川麻呂はかろうじてごまかしたが、目の前は真っ暗になっただろう。

入鹿は怪しみはじめた。このままではクーデターは失敗する。

そのときだった。中大兄はみずからを励ますように、

「やあ」

と、一声躍《おど》り出た。

子麻呂らもようやくそれにつづいた。

中大兄はみずから剣を抜き、入鹿に斬りつけた。入鹿も剣をもっていれば防戦したろうが、なにせ丸腰だ。初太刀《しょだち》に肩を割られた。そこへ子麻呂が足を斬った。

入鹿は皇極《こうぎょく》女帝の前にひれ伏し、助命を乞《こ》うた。

女帝が驚いてわけを問うと、中大兄は、

「入鹿は皇族を全滅させて、国を奪おうとしております」

と、言上《ごんじょう》した。

女帝はそれに対して、なにも答えず奥に入った。入鹿は見捨てられた。

▲入鹿斬殺の場面（「多武峰縁起絵巻」）　刀を振り上げているのが中大兄

このあと、子麻呂と網田の二人が、入鹿をずたずたに斬り裂いてとどめを刺した。

この日は激しい雨が降っていたが、入鹿の死体はその降りしきる雨のなか、庭に捨てられたという。

入鹿の死によって、さしもの蘇我氏も命脈が尽きた。

まだ入鹿の父蝦夷《えみし》が残っていたが、中大兄の指揮下に入った官軍がその邸《やしき》に押し寄せると、蘇我の兵士たちはたちまち蝦夷を見捨てて逃げ散ったという。

翌十三日、権勢を失った蝦夷は、家伝の珍宝をことごとく焼き尽くし自殺した。

クーデターは完全なる成功をおさめたのである。

日本の政治体制を確立

この事件は、おもに『日本書紀』によって記述したが、真相はこのとおりだったかというと確証はない。

はじめにも断ったように、これは勝利者の側の記録であるから、そちらに都合のいいように事実の歪曲《わいきょく》が行なわれている可能性も否定できない。

しかしだいたいにおいて、このとおりであると考えてもよいと思う。これは天皇家にとっては、みずからの権威を強化した輝かしい記録であるし、蘇我氏が天皇家を凌《しの》ぐほど強大になったのは事実と考えられるからだ。

それは『日本書紀』のなかに、蘇我氏が「みかど」「みささぎ」など、本来は天皇にしか許されない用語を使用したことなど、僭上《せんじょう》（分を越えたおごり）の事実がはっきり記載されていることからもわかる。

この事実は本来天皇家にとっては不名誉なことであり、それが記載されていることは、逆に蘇我氏の権力がいかに強大であったかを示している。

もっとも実態はさらに深刻で、この時代の日本は皇極天皇と〝蘇我〟天皇が対立していたのだ、と説く人もいるくらいだ。

たしかにそれらしい記述もほかにいくつかみられる。

天皇家は日本の正統な支配者としての地位と権威を獲得するまで、対立する部族との争いを勝ち抜いてきた。

その権威が確立して以後は、いかなる権力者も、これを利用することはあっても、それに取って代わることはできなくなった。信長も秀吉も、足利尊氏《あしかがたかうじ》も家康も、形式的には天皇の家来である。

だからこそ、幕末には大政奉還という世界に例のない〝革命〟が行なわれることになるわけだが、いわばその道を開いたのがこのクーデター＝大化改新《たいかのかいしん》であるともいえる。

蘇我氏を最後に、天皇家と対等になろうとし、あまつさえこれを越えようとする部族はいなくなった。

そう考えてみると、天皇家対蘇我氏の戦いは、日本の正統な主権者を決めるトーナメントの最終戦であり、その勝利を確定したこのクーデターは、その後の日本の政治体制を決める重大な事件であったといえよう。

秀吉を支えた参謀・半兵衛と副将・官兵衛

大城塞《だいじょうさい》を乗っ取った男

竹中半兵衛《はんべえ》重治《しげはる》は天文十三年（一五四四）、美濃《みの》国（岐阜県）菩提山《ぼだいやま》城城主の子として生まれた。

城主といっても地方の小豪族で身代は小さい。最初は美濃の国主である斎藤氏に仕えた。斎藤氏は、あの有名な〝美濃の蝮《まむし》〟斎藤道三《どうさん》から二代下った龍興《たつおき》の時代である。

▲竹中半兵衛

龍興はけっして有能な国主ではなかった。そのため、のちに名参謀として日本全国にその名が知られることになる半兵衛を使いこなすどころか、その才能を見抜くことすらできなかった。龍興や近《きん》習《じよう》の家来は、もの静かなインテリで、ひたすら学問を好む半兵衛を、軽侮《けいぶ》こそすれ畏敬の念をいだくことはなかった。

それゆえに、龍興は半兵衛から痛烈なしっぺ返しを食らうことになる。

これがじつは、史上に現われる最初の半兵衛の大きな手柄話になる。

龍興が十九歳のときのこと、かねて半兵衛のことを〝女のように柔弱で少し足りない〟と小ばかにしていた龍興の家来どもが、稲葉山城《いなばやま》（斎藤氏の居城、織田信長が奪取して岐阜城と改める）から退出する半兵衛めがけて、櫓《やぐら》の上から小便を浴びせた。

殺伐な戦国の世である。本来なら刀を抜き、侮辱《ぶじよく》を与えた男を斬り殺すのが妥当《だとう》である。また、そうしなければますます蔑《さげす》まれ、武士として世を渡っていけなくなる。

だが、半兵衛はじっとこらえた。

相手が主君の気に入りだから遠慮したのではない。その証拠に半兵衛は舅《しゆうと》の美濃三人衆の一人安藤伊賀守《いがのかみ》のところへ行き、仕返しのため城を乗っ取りたい――と訴えた。

肝《きも》をつぶしたのは伊賀守である。

なにしろ、稲葉山城といえば、難攻不落の名城として近隣諸国に知れわたっている。

平野に厳然とそそり立つ岩山の各所に関門を設け、ほかにこれといった攻め口もない。

現に隣国尾張《おわり》（愛知県）の織田信秀・信長親子が、二代にわたって攻略をねらっているものの、一度も危機に陥ったことがないのである。

伊賀守は半兵衛に稀有《けう》の軍略の才があるとは思いもよらない。ばかなことはやめろと口を酸《す》っぱくして説いた。半兵衛は伊賀守から兵を借りることができずにむなしく帰った。

しかし、彼はこれで諦《あきら》めたのではない。

それどころか手持ちのわずかな兵で、大城塞《じようさい》稲葉山城をほんとうに乗っ取ってしまったのである。

その手立てはこうだ。

欲得では動かない半兵衛の人柄

稲葉山城内に半兵衛の弟久作《きゆうさく》という者が人質として住まわされていた。

半兵衛は久作に仮病《けびよう》をつかわせ、その病気見舞いと称して城中に入り込んだ。あらかじめ看護の名目で部下を送り込んでおいたのだが、その者たちと示し合わせ、ひそかに

▲岐阜城（岐阜市）　中世的山城の典型。はじめ稲葉山城といった

持ち込んだ武器を取り出し、夜が更けてから城中で暴れまくった。半兵衛以下、家来十六名であったという。

いかに天下の堅城とはいえ、内側から攻められればもろい。それに半兵衛は巧みに指揮をとり、宿直の責任者など重立った者から討ち、小人数を多人数に見せかけたので、主君龍興は城から脱出するほかはなかった。半兵衛も命を取るつもりまではなかったのだろう。龍興は逃げるのに任せ、当分稲葉山城を占拠する旨を宣言した。

半兵衛が稲葉山城を奪取してから、しばらくのちのこと、隣国の織田信長が半兵衛に手紙をよこした。城を渡せば代償として美濃半国の領主にしてやる――というのだ。

半兵衛はこれを一蹴《いっしゅう》して、伊賀守を仲立ちにして城を龍興に返し、自分は浪人して近江《おうみ》国（滋賀県）に立ち退いた。信長は欲得で動かない半兵衛の人柄に驚嘆したという。

もっとも半兵衛が信長の申し入れを受け入れたとしても、約束が守られたかどうかはたいへん疑問だ。おそらく信長は半兵衛に美濃半国を全部くれてやるつもりはなかっただろう。もし受け入れていれば〝主君への反逆者〟として城を奪われたうえに殺されていただろう——そうみる人もいる。

この話自体ただの伝説であるという人もいる。実際、あまりに小説的で話がおもしろすぎ、こんなことをしても半兵衛は一文の得にもならないという面から異をとなえる人もいる。

一文の得にもならない——たしかにそうだ。

半兵衛はこの〝謀反《むほん》〟のため、壮年の身で世を捨てなければならなくなったし、所領や城は弟の久作や一門の者が守るとしても、斎藤氏からは冷たい目でみられ、織田氏についたわけでもない。実利という点からは得になることは一つもない。

一つだけ得な面があるかもしれない。

それは〝名軍師〟としての力量が天下に喧伝《けんでん》されることだ。

しかし、これも引退に追い込まれてしまっては役に立たない。

頭のいい人間がすることではないように思える。いわば戦術には長《た》けているが、戦略、政治、実利といった面からは無能であるとすら思える。だが、私は稲葉山城乗っ取りにおける行動にこそ、半兵衛の性格を解く鍵《かぎ》がひそんでいるように思う。

そのことは、黒田官兵衛《かんべえ》との比較で詳しく述べることにしよう。

とりあえずここでは、半兵衛がたんなる〝戦術者〟ではなく、政治も戦略もこなせる男であったことを、一つのエピソードで示すことにしよう。

半兵衛の卓越《たくえつ》した洞察力

ずっとのちの天正五年（一五七七）の夏のことだ。半兵衛はすでに織田家に属し、羽《は》柴《しば》秀吉の参謀として働いていた。その年、信長は上杉謙信の出兵に備え、近江長浜《ながはま》城主であった秀吉を北陸の柴田《しばた》勝家の応援に遣わした。

しかし、勝家と秀吉とはそりが合わない。

織田家の一の家老《かろう》である勝家、小者から異例の出世を遂げた秀吉、この二人はついに陣中で衝突した。秀吉は北陸方面軍を任されている勝家に従う義務がある。それは信長の命令でもある。しかし、秀吉は兵の動かし方で勝家と意見が合わず、大喧嘩《おおげんか》をしたあげく勝手に帰国してしまった。重大な軍令違反である。

人当たりが柔らかで損になる喧嘩は絶対にしないはずの秀吉が、なぜそうも腹を立てたのかはよくわからない。あるいは、かねがね秀吉の出自の卑《いや》しさを蔑《さげす》んでいた勝家に、なにか許しがたい暴言があったのかもしれない。だが、信長は激怒した。

専制君主は自分の命令が実行されないことを許さない。命令が確実に守られなければ軍律が保てず、ひいては自分の権力を危うくすることになるからである。

信長は秀吉に謹慎を命じた。秀吉はどうしたか？

城におとなしく戻ったまではいいが、その後は日夜踊り子をよび、酒を飲み、どんちゃん騒ぎをはじめた。それが何日も何日もつづくのである。

家族や家来たちは驚き慌《あわ》てた。謹慎を命じられたのに、連日の乱痴気《らんちき》騒ぎである。信長は怒って、もっと過酷《かこく》な処分をしてくるかもしれない。側近を通じて何度も諫《いさ》めた。

だが、秀吉は聞こうとしないばかりか、信長の安土《あづち》城下からも能役者をよぶ始末である。いずれは信長の耳に乱行の次第が入ってしまう。

蒼《あお》くなった家来どもは半兵衛のところへ行って、諫言《かんげん》してくれるように頼んだ。

半兵衛は笑って首を振り、

「もし筑前殿（秀吉）が陰気なようすで城に篭もっていたりしたら、あの疑り深い信長様が筑前殿に謀反の心ありと思わぬともかぎらぬ。二十万石もあり防備の堅い城もある。信長公を恨《うら》んで反乱を企てていると告げ口をされ、それがたび重なればそれを信じ込まれるということもある。そこを考えて、あれほど遊びまくっておられるのだ。心配はいらん」

と答えたという。

信長はたしかに猜疑《さいぎ》心が強い。戦略だけでなく謀略も得意だが、その反面、人をすぐ疑う悪い癖《くせ》がある。

秀吉はそこを恐れたのだ。

三人の人間が次々に告げ口をすれば、母も実の息子を疑い、出るはずもない虎が市中に現われたことになるという、「三人市虎《しこ》をなす」という諺《ことわざ》もある。

秀吉は本能的にこの危険を察知した。秀吉は当事者だから、ある意味で、それは当然の反応であるが、一歩離れた立場からそれを見抜いた半兵衛の洞察《どうさつ》力はすごい。これをみれば、彼が政略もできる武辺一点張りの人物ではないことがわかる。

この二つのエピソードは、じつは確実な資料によるものではない。半兵衛の軍功がはっきり述べられている信頼できる資料は、驚くほど少ないのである。

一つは戦国時代は武者働き――つまり、第一線の部隊長としての手柄が重要視され、軍略の面は疎《おろそ》かにされたきらいがあるのだ。

もう一つ、半兵衛はあくまで陰の人に徹することを欲し、あまり表に出て功を誇るようなところはなかった人のようなのである。

しかし、この〝城取り〟と〝秀吉の心理分析〟の二つのエピソードは、少なくとも彼が同時代の人間に、彼のすぐれた軍略と政略の才を認識されていたという証明にはなるだろう。

彼の性格と能力を如実《にょじつ》に表わした話として、私としても捨てがたいのである。

官兵衛「信長様につく！」

竹中半兵衛より二歳年下の黒田官兵衛孝高《よしたか》は、播磨《はりま》国（兵庫県）の姫路城で生まれた。

天文十五年（一五四六）のことである。

彼も半兵衛と同じく城主の息子で、やがては小豪族の長《おさ》となる身の上だった。

彼が属していたのは小寺《こでら》氏という赤松氏の支流で、当初は主君小寺政職《まさもと》から姓を賜わり、小寺官兵衛と名乗っていた

この主君もまた半兵衛の場合と同様、暗君であった。官兵衛は弱冠二十二歳で小寺家の家老を務めることになるが、彼の苦労はここからはじまるのである。

小寺氏もけっして大きな勢力ではない。

戦国の世で家の安泰を保っていくためには、どこか強国の傘下《さんか》に入る必要がある。当時、官兵衛の周囲にある大勢力といえば、毛利《もうり》氏、三好《みよし》氏、織田氏の三つであった。

私たちは歴史の進行状態を知っているから迷わないが、当時の人々にとってこの選択は非常に難しく、しかも命がけであった。一歩間違えばなにもかも失ってしまう。所領も家族も命さえも。主君政職は時勢を見抜く力がない。

そこで政職は重立った家来を集め、この三大勢力のうちどこに帰属すべきかを聴《き》いた。

このとき、家来の多くは毛利家を推した。無理もない。毛利は名門であり大国の主である。兵は強く数も多く、同盟相手として申し分ない。いわば安全パイであった。

それに対して官兵衛はただ一人織田につくことを主張した。彼は信長軍団の革新性と将来性を見通していたのである。

田舎《いなか》土豪の家老にしておくにはもったいないような目の確かさである。

彼はその線で家中《かちゅう》の意見をまとめ上げ、岐阜で信長に会って帰属を申し入れた。

信長は官兵衛のすぐれた情勢認識、および戦略家としての才能を嗅《か》ぎ取り、彼に秘蔵の名刀「圧切《へしきり》」を与えた。そして、羽柴秀吉とコンビを組んで中国地方経略に当たるように命じたのである。

官兵衛は織田家への帰属後、さっそく小寺氏だけの小勢で毛利の大軍を追い返すというみごとな戦いぶりをみせている。

ところが問題は、主君の政職だ。

この男はかねてから官兵衛をきらっていた。

どうやら官兵衛の才能に嫉妬《しっと》していたようであり、同時に、織田氏へ行きがかり上帰属したものの、本心では毛利のほうがよいと思っていたらしい。

政職は織田支持派の官兵衛を抹殺《まっさつ》することを決めた。それも最も陰険な手段で。

そのころ、信長の部下で荒木村重《あらきむらしげ》という武将が反乱を起こしていた。村重は摂津《せっつ》（大

▲**姫路城（姫路市）**　この城で官兵衛は生まれた

阪府）におり、政職もこれと結託した。

官兵衛は、慌てて政職にばかなことはやめるようにと説いた。

それに対して政職は、反乱は本意ではない、村重がやめればこちらもやめる——と心にもないことをいい、官兵衛に村重を説得に行くよう頼んだ。

官兵衛は承知した。だが、政職は同時に村重に書状を送り、官兵衛をそちらで殺してくれるようにと頼む手紙を出した。

なにも知らない官兵衛は、このときはころりと欺《あざむ》かれた。

彼は村重の居城有岡《ありおか》城へ行ったところ、たちまち捕らえられ、牢《ろう》に放り込まれた。殺されなかったのが不幸中の幸いであった。

官兵衛、天下への〝野心〟起こす

彼はそのまま一年の間、城の牢獄に幽閉された。座敷牢ではなく湿気の強い土牢《つちろう》だ。おそらく閉じ込めた側では衰弱死をねらったにちがいない。ただちに殺さなかったのは、村重が官兵衛と同じキリシタン信徒だったからかもしれない。

官兵衛はしぶとく生きつづけた。だが不潔な環境のなかで、体は次々にむしばまれていった。以前から罹《かか》っていた梅毒が全身に広がり、体じゅう瘡《かさ》だらけになり、足は曲がって不自由になった。ようやく次の年、信長の部下が有岡城を落としたため、彼は救われたが、その凄惨《せいさん》な姿を見て、信長ですら涙を流したという。

そして、それほどひどい目に遭いながら、いささかも裏切るようすを見せなかったので、彼は男であると評判が高まった。

彼もまた、単純な損得勘定だけで動く男ではないのである。

ただ彼は才気煥発《かんぱつ》なのはいいが、それが表に出すぎ、しばしば腹黒い策士とみられることがあった。

たとえば、本能寺の変で信長が死んだ直後のことである。

彼は信長の家来から変報を受け取ると秀吉に示し、主君を失って呆然《ぼうぜん》としている秀吉に向かって、にっこりと笑い、「天下を盗《と》る好機がやって来た」と励ましたのである。

このアドバイスはまったく正しい。たしかにそのとおりなのである。しかし、これまで主君だった人間の死を悲しむようすもなく、こういうことをいってはいけない。彼はこのとき、口をすべらしたのが原因で秀吉に警戒されることになる。のちに秀吉は自分の死後天下を取れる者の一人として官兵衛をあげたことがあるが、そのとき彼にわずか十二万石の身代しか与えられていなかったのである。

もっとも警戒したといっても、秀吉が実行したのは官兵衛にあまり領地をやらなかったことぐらいで、あとはなにかにつけ相談した。秀吉自身は官兵衛を使いこなせる自信があったのだろう。それは自分のほうが官兵衛より器量が上だとの自負によるものだ。実際、官兵衛は秀吉在世中はおとなしくしていた。

だが、官兵衛は元来秀吉の家来であったわけではない。コンビを組むように命じたのは信長であり、本来は秀吉とは同僚の関係である。そして秀吉が天下人になるまでにはいろいろと力を尽くした。もう義理は果たしたわけである。

そこで彼は秀吉が死んで子の秀頼《ひでより》の時代になると野心を起こした。秀吉の死後、残っている戦国武将で自分と同じほどの器量があるのは徳川家康しかない。家康を倒せば自分が天下の主になることは少しもおかしくない。むしろ実力ある者が天下を取るのが戦国の世の習いではなかったか。官兵衛はそう思ったにちがいない。

しかし、彼はやみくもに家康と対抗するようなばかなまねはしない。なにしろ十二万石の小身代だ。慌てず騒がず時節を待った。

なぜ左手で家康を刺さなかった!

時はついにやって来た。

天下分け目の関ヶ原の戦いである。

石田三成《みつなり》の西軍、家康の東軍、官兵衛（このころは出家して如水《じょすい》と名乗っていたが、便宜上、官兵衛で通す）は両軍共倒れを夢見た。いやけっして夢とはいえない。

両軍の勢力は拮抗《きっこう》していたし、三成の軍略はまず東軍を東北までおびき出し、その隙《すき》に大坂で兵を挙げ、両翼から東軍を挟み打ちにするというものであった。

東北には上杉、関東には佐竹という有力な味方がいる。西軍にとってけっして分《ぶ》の悪い戦いではなかった。官兵衛はこの戦いは百日はかかると踏んだ。その間に九州を平定し、途中で兵を募《つの》りながら軍を進めていけば、間違いなく東西の勝者と決戦できる。そして、それに勝てば天下の主となることもできる。

彼はそのとき五十五歳だった。いまでいえば定年である。本来ならば実社会から引退する年齢である。だが、彼は兵を募り（息子の長政《ながまさ》が東軍へ参じたため、黒田家の兵はほとんど地元にいなかった）、その寄せ集めの軍勢を使って一月足らずの間に、ほぼ九州を制圧してしまった。

ところが、肝心の関ヶ原の戦いがわずか一日で終わってしまった。

皮肉なことに、これは息子の黒田長政の働きによるところが大であった。家康の参謀格であった長政は、本来ならば西軍に属するはずだった福島正則《まさのり》らを東軍に味方させ、西軍の大勢力の一つ小早川《こばやかわ》秀秋を裏切らせた。

その結果、関ヶ原において数のうえで優位を保っていたはずの西軍は惨敗し、戦いは一日で終わってしまったのである。

官兵衛は落胆した。

しかし変わり身の早い彼は、すぐさま戦いを徳川方のためにやったように見せかけた。

一方、長政は関ヶ原の功で五十二万石の太守《たいしゅ》となり、勇んで国へ帰り父に会った。彼は何度も関ヶ原の功を自慢し、家康から激賞されたと父に報告した。

官兵衛はまったくうれしそうなようすを見せない。それどころかこんな話がある。

家康が感謝する際、三度まで自分の手を押しいただいたと長政が語ったところ、官兵衛はその手はどちらであったかと質問した。まことに奇妙な問いである。長政はとにかく右手でございましたと返答した。

官兵衛はいった。

▲黒田長政

そのとき、おまえの左手はなにをしていたのか、と。すなわち、なぜ家康を刺し殺して自分で天下をねらわなかったのか、といいたかったのだ。

長政の働きは、家康の評価どおり完璧《かんぺき》なものであった。ただし、それは参謀としての働きとしては、という限定がつく。

男ならなぜ天下を望まぬか、みずからの未来を自分の手で狭《せば》めてしまった息子に、官兵衛は歯がゆい思いをしたにちがいないのである。

こうして官兵衛の野望は潰《つい》えた。

彼は天下への望みを捨てると、むしろ悠々《ゆうゆう》自適の人生を送った。死までの四年間、小さな館《やかた》に住み、近所の子どもと遊んで一日を過ごしたという。

すっぱりと未練を捨てたあとは、自由で実りある晩年を送り、天寿をもって終わった。

陰の半兵衛、陽の官兵衛

このように半兵衛と官兵衛はともに地方の城主（国主ではない）の長子として生まれ、若いころから城主やそれに準じた地位についた。そして、みずからの判断でそれまでの主君を捨て、新興勢力の織田氏に帰属した。それも、たまたま羽柴《はしば》秀吉という男の下で二人ともが働くことになった。年も二歳違いで、ほぼ同じといっていい。

ところが性格やその後の人生をみると、これがじつに対照的なのである。

半兵衛は冷静沈着な態度をつねに崩さず、その反応も受け身であることが多い。あくまで陰の人に徹するようなところがある。

官兵衛はやはり冷静ではあるが、半兵衛よりはるかに陽性で、行動は積極的である。のちの人生でいえば、半兵衛が肺結核で若死にしたのに対し、官兵衛は梅毒に冒されながらもしぶとく生きつづけるなど、罹《かか》った病気でさえ対照的なのである。

つまり半兵衛は青白きインテリタイプ、官兵衛はバイタリティーあふれるやり手官僚タイプという分け方もできる。誤解してもらっては困るが、半兵衛がインテリタイプといっても武道が不得手《ふえて》だというわけではない。最初に述べた城取りのとき、半兵衛はみずから武器をとって戦っているのである。むしろ官兵衛のほうが武者働きが苦手だと告白したという記録がある。だからあくまでこのいい方は便宜的なものにすぎないが、いちおうはそういえるのである。

▲黒田官兵衛

ここで両人の性格をもう少し掘り下げてみよう。

まず半兵衛だが、これはどうも実社会の利益を追求するという性格ではなかったらしい。

私がそういう根拠は、例の城取りの際における半兵衛の行動からである。

あの城取りは半兵衛にとって実益はなにもなかっ

た。もし、事前に信長と通じておいて城を取ったなら、勲功第一として賞せられることもできただろう。稲葉山《いなばやま》城を取るのが信長の宿願だったのだから。だが、半兵衛はそういう実益はいっさい考えず、ただひたすら意趣返しのために城を奪い、斎藤方からも織田方からも一文も取らずに、隠居してしまった。

戦術には長《た》けているが、広い意味での戦略眼がなかったというわけでもない。それが長浜での秀吉の行動に対する解釈の鋭さでもわかる。ではなんのために、損な行動に出たのか。

要するに半兵衛は一種の職人気質《かたぎ》の人間なのだ。欲得抜きで、だれにも拘束されることなく、自分の力量を試してみたかったのだ。それで自分の立場がどうなろうとかまいはしない。自分が満足すればそれでいいのである。つまり彼は一種の芸術家だったといえるだろう。作品を完璧《かんぺき》なかたちで仕上げることが第一だったのである。

実利からみた官兵衛の「節義」

これに対して官兵衛の行動は、広い意味での実利に裏打ちされている。彼は損な行動はとらない。ここでいう損得とは、もちろん広い意味で将来を見通したうえでのことである。だから目先の損を承知で受け入れることもある。それが将来において結局得になるなら甘んじて受け入れるのである。

たとえば、有岡城で幽閉されながら、いささかも信長方を裏切る気配を見せなかったことだ。死の一歩前までいったものの、変節しなかったことで、彼はたんなる策士ではないという評判をかちとることができた。

興味深いのは、天下人になった秀吉も家康も、同じように生命の危険を冒してまで、こういう評判をかちとるための努力をしていることだ。

秀吉は元亀元年（一五七〇）、敦賀《つるが》においてそれを行なっている。有名な「金ヶ崎の退口《のきぐち》」という話だ。

この年、信長は越前《えちぜん》（福井県）の朝倉氏を討つため敵の領国深く侵入した。ところが友軍のはずの浅井氏が裏切ったため、退路を断たれたかたちとなった。このままでは、信長軍は敵国で孤立し全滅する。

そこで、信長は全軍総退却を命じたが、ここでいちばん困難な役目は殿軍《しんがり》（最後尾の部隊）だ。敵のほうが圧倒的に優勢であるから、殿軍は全滅の危険が大きい。いわばみずからを犠牲にして、味方を安全なところへ逃がす役目である。これを秀吉がみずから志願したのだ。

これは家康の援助もあり、結局は大成功に終わり、これ以後秀吉はたんなるおべっかづかいではないと一目《いちもく》置かれるようになった。

家康の場合は、三方ヶ原《みかたがはら》の合戦（元亀三年）がある。

これは当時、上杉謙信とともに日本一の武将として知られていた武田信玄が西上の軍を起こし、家康の領地を通過したときの話である。

武田軍は京都の制圧が最終的な目標である。そこで家康を無視して通り過ぎようとした。家康の側からみても、武田側の方針は歓迎してもいいはずであった。日本最強とうわさされる武田軍団と戦わなくてもよいのである。

だが、家康がただ一人反対した。

そして全軍出撃して武田軍に襲いかかったのである。

結果は惨敗した。家康はただ一騎城へ逃げ帰り、恐怖の余り脱糞《だっぷん》するという始末であった。

だが、この戦いもむだではなかった。

以後、家康も男であると一目《いちもく》置かれるようになった。

このなかに共通している教訓は一つである。

それは、男であると他人に認められなければ、結局、謀略を施すこともできない、ということである。

のちに家康に敵対した石田三成《みつなり》には、命をかけて勝ち得たこれらのものがなかった。たんなる策士というだけでは、人はけっしてついて来ない。

官兵衛にもこのへんの機微はよくわかっていたのだろう。それが、けっして節義を曲げなかった理由である。しかしこれはあくまで広い意味での実利からみたもので、徳川時代にやかましくいわれた道徳的、教条的なものではない。

▲三方ケ原戦役で敗戦の家康

その証拠に、秀吉も家康も官兵衛も、節義を尽くした相手がいなくなると、すぐに天下をねらう策謀をめぐらした。

秀吉は信長の遺子から天下を奪い、家康は秀吉の遺子からそれを奪い、官兵衛もそれをねらったことは前述のとおりである。

「汝《なんじ》の敵を愛せよ」を実践した官兵衛

こう述べてくると、あるいは半兵衛や官兵衛は人情とは無縁な恐ろしい人間と思う人もいるかもしれない。だが、それは間違っている。その証拠となる事実を示そう。

まず半兵衛の場合。

官兵衛が有岡城に幽閉されていたときのことである。官兵衛が城に入ったまま連絡を絶ったので、疑《うたぐ》り深い信長は官兵衛が裏切って敵方についたと信じた。そして人質として手もとに置いていた官兵衛の息子松寿丸《しょうじゅまる》（のちの長政《ながまさ》）を殺すように命じた。これに対して、半兵衛は厳しく信長を諌《いさ》めたが聞き入れられない。やむなく、殺したと偽《いつわ》りの報告をして、自分の城に松寿丸を匿《かくま》ったのである。のちの黒田長政は半兵衛によって命を救われたのである。

官兵衛の場合も似たような話がある。

本能寺の変報を中国にいる秀吉に届けた飛脚《ひきゃく》を、秀吉は秘密を守るために殺すように命じた。

だが官兵衛は殺すにはしのびなかった。

このような貴重な情報がいち早く手に入ったのも、その飛脚が命がけで走って来たからである。これを殺せとは秘密保持のためとはいえ、いかにも酷《むご》い。

そこで官兵衛は秀吉には殺したと偽りの報告をして、みずからの手でその男を匿《かくま》った。

いずれも主君の命に反して、深い同情心から命を救っているのである。

官兵衛は一方では〝失言〟をし、秀吉に警戒されるというへまをしながら、同時にこれほど人情味あふれる措置をしているのである。

人情味あふれるといえば、これだけではない。官兵衛は、かつて牢《ろう》に一年幽閉される原因となったもとの主君小寺政職《こでらまさもと》の助命を信長に願ったばかりか、その息子の氏職《うじもと》に客分として知行を与えた。「汝《なんじ》の敵を愛せよ」という言葉を実践しているのである。

このような情愛の深さと節義の固さがなければ、人はけっして慕い寄っては来ないのである。

半兵衛は参謀、官兵衛は副将

では、二人が最も違うところはどこかという問題になる。

賢明な読者はもうおわかりになったことかと思うが、一言でいえば、半兵衛は参謀で、官兵衛は副将である——ということだ。

半兵衛はあくまで参謀として働き、参謀の仕事そのものに生きがいを感じていた。そのことに対する報酬《ほうしゅう》が少なくてもかまわない。

極端なことをいえば、自分が立てた作戦どおりに事が運び、不可能を可能にすること自体がうれしいのである。

卑近《ひきん》な例で恐縮だが、私は作家としてつねに完璧な作品を書きたいと思っている。書くのは生活のためでもあるが、より以上にいい作品を書きたいという念願がある。目的はあくまで完璧な作品であり、それから得られる名声や実利はあくまで付録である。

一〇〇パーセントそうだというと私の場合はうそになるが、半兵衛の場合は一〇〇パーセントに近かったのではないだろうか。だから一文の得にもならない城取りに熱中したのだ。のちに織田家へ随身するのも、立身出世のためというよりは、自分の才能をより広い舞台で試してみたかったのだろう。しかし、彼はいかに自分の才能がすぐれていても、天下を取ろうという野心はなかった。彼はあくまで陰の人でよかったのである。参謀としての仕事を果たすこと自体に満足を覚えていたのだから。

これに対して官兵衛はまったく違う。

彼が才能を使うのは、実益のためである。彼にとって才能というのはそういうものであった。

彼がたまたま参謀としての地位に甘んじなければならなかったのは、同時代に秀吉や家康という、彼より少し才能も地位も上の人間がいたからである。だから、それがいなくなったとき、彼はみずから天下人になろうとした。そういう野心があったから、男としての評判を落とさないように努力もした。

あくまでたんなる参謀として陰の人にとどまり、献策するだけなら、みずから将となるための努力はしなくてもよい。現に半兵衛はそれをしなかった。だが官兵衛は別だ。それは天下に野心があったからである。

才能というのは、自分の地位や身分を高めるために使うものだ――それが官兵衛の信念だった。

だが、秀吉というやや器量が勝る先輩《まき》が身近にいたため、彼は〃副将〃としての地位にとどまらざるをえなかった。だから〃主将〃である秀吉が死んだあとは、自分が〃主将〃になろうとした。これは官兵衛にとって当然の行動であった。

半兵衛は早死にしたが、もし秀吉の死後まで生きていたとしても、官兵衛のように自身で天下をねらうようなことはなかっただろう。彼はあくまで参謀として生きることが望みで、〃主将〃になることは考えてもいなかったにちがいない。

それにしてもあらためて思うのは、この二人を部下として思う存分使うことができた秀吉という男の運のよさである。

それは同時に官兵衛にとっては不運であった。しかし、半兵衛にとっては秀吉の征服事業が進めば進むほどよかった。そのほうが自分の腕が振るえるからである。

もし、二人のうちどちらか一人をくれると秀吉にいわれたら、私は半兵衛のほうを取るだろう。そのほうが築き上げたものを奪われる心配がないからである。

絢爛たる戦国の終焉、大坂城

物理力だけでは落とせない堅城

大坂城というのは不思議な城である。ひと口にいえば不運なのである。城にも幸運、不運があるのかと問われれば、あると答えよう。それも、かなり明確なかたちで。

幸運な城の代表は江戸城である。築城以来、上杉、北条を経て徳川家康の持ち城になるまで、一度も落城の憂《う》き目に遭っていない。豊臣秀吉が北条討伐を行なったときも、この城は一兵も損をせず開城している。

開城といえば、徳川幕府が滅亡したときも、そうだった。

ところが、この幸運な江戸城に比べて大坂城はまるで違う。

大坂城は、その城主を不幸に追い込む城であり、事実上三回も落城している。その三度の落城の際、それぞれの城主は、いずれも歴史の激動期に生きており、いずれもその敵から大坂城を放棄することを期待されていた。

そして敵の期待どおり、大坂城を放棄した二人の城主は天寿を全《まっと》うし、ただ一人退去を拒《こば》んだ城主だけは炎上した城とともに命を失った。まるで「性悪女」のようなものだ。早く手を切ればよし、切らねば地獄に引きずり込まれるのだから。

三人の城主について述べておこう。

最初の一人は、本願寺第十一世の顕如《けんにょ》である。原・大坂城ともいうべき石山本願寺城を築いた蓮如《れんにょ》の子孫であり、一向一揆《いっこういっき》の支柱として織田信長と戦った。信長は、この堅固な城をついに落とせず、朝廷の権威を利用して顕如に明け渡しを迫った。

顕如はこれを受け入れ、天寿を全うすることができた。

三人目は徳川最後の将軍慶喜《よしのぶ》である。

彼と戦った薩長は直接、大坂城の明け渡しを要求したわけではない。そんな虫のいい要求をしても受け入れられるはずがないと思うのが常識だからだ。だが、大坂城はほしかった。そこに幕府軍が籠もって抵抗すれば、たいへんなことになる。

だが、薩長の心配は杞憂《きゆう》に終わった。朝敵の汚名を恐れた慶喜が、なんと大坂城を捨てて江戸へ逃げてしまったからだ。

官軍の侵攻に対し、有力な防衛拠点となるはずの城は、完全に捨て殺しにされたのである。

だが、私はこの「性悪女」を捨てた慶喜は賢明であったと思う。そうしたからこそ、彼は天寿を全うできたなどといえば、笑われるかもしれないが、どうも大坂城は、そういう厄《やく》のついた城らしい。

顕如と慶喜は、いずれも城を捨てたことによって命を長らえた。ではそのとき、城はどうなったかというと、まるで城主の身代わりになったかのように、二度とも焼けているのである。それも原因不明の失火によってである。

▲顕如

こうなると因縁話のようだが、ほんとうだからしかたがない。
では、あくまで城の放棄を拒んだ二人目の城主はどうなったのか。それが豊臣秀頼《ひでより》である。
ここで、大坂城の名誉（？）のために付言しておくが、大坂城（原・大坂城である石山本願寺城も含めて）は、けっして城としての性能が劣っていたわけではない。

というより、むしろ大坂城はいずれの時代にも日本で最も堅固な城の一つであった。どんな人間も魅入《みい》られるほどの堅固な城である。

にもかかわらず、どうして三度も落城したのか？

驚くべきことには、この三度の落城はすべて正攻法によるものではない。いずれも謀略や陰謀がからんでいる。

攻撃側の物理的兵力だけで落とされたのではないのだ。いや、物理力だけでは落とせないことが、逆に大坂城の堅固さを証明しているともいえる。とにかく奇妙な城だ。

家康の挑発と謀略術

さて、秀頼のことである。

その父で天下統一をなし遂げた秀吉が死んだあと、天下をねらう徳川家康は巧みに反対勢力を挑発し、石田三成《みつなり》らに関ヶ原の戦いの口火を切らせた。そして、この戦いに勝った家康は天下人となり、逆に豊臣家は一大名に転落した。

それから十四年、家康はすでに息子秀忠《ひでただ》に将軍職を譲り、豊臣家に政権を渡す意思のないことを示したが、豊臣家はけっして徳川家に臣従しようとはしなかった。

家康としては、なんとかして目の黒いうちに豊臣家を屈伏させたい。平たくいえば、家来として完全に服従させたいのである。そうしておかねば、自分が死んだあと、豊臣家に天下を取り戻される心配もある。

ところが、豊臣家にしてみれば、自分こそ天下の主だったというプライドがある。現に、秀吉存命中は、家康は豊臣家の大老《たいろう》、すなわち家来だったのだ。その家来に頭を下げるなど死んでもいやだ。

だが、家康はなんとしても豊臣家を臣従させたかった。それがもし不可能なら、豊臣家を滅ぼすしかない。

▲豊臣秀頼

心ある者は、豊臣家が滅ぼされないためには、家康に臣下の礼をとるしかないと考えていた。では、具体的にはどうするべきなのか。

一つは、大坂城を渡すことである。

この東アジア最大の堅固な城にいては、ついつい豊臣家は徳川と戦おうという気にもなる。

もう一つは、江戸に人質を出すことだろう。

豊臣家を除くすべての大名は、それを実行している。徳川政権下の一大名として生きていくなら、それは当然行なうべきことである。

だが、豊臣家はどちらもやる気はなかった。

それを知った家康は、ついに豊臣家を滅ぼすために積極的な行動に出た。

慶長十九年（一六一四）七月、家康は激怒した。いや、激怒したふりをした。

以前から家康は、豊臣家の財力をそぐために、淀殿《よどどの》や秀頼に寺社の復興をすすめていた。故太閤《たいこう》の供養《くよう》になるという口実である。

財宝は徳川との戦いのためにとっておくべきものであるのに、豊臣家はまんまと家康の手に乗った。莫大《ばくだい》な費用を投じて有力な寺社を多数復興したのである。

その仕上げが京の方広寺《ほうこうじ》であった。方広寺は、故太閤秀吉が築いた日本一の大仏のある寺である。といっても、この大仏は奈良の金銅製《こんどう》の大仏とは違い、木造のものだが、大きさは日本一であり、豊臣家の栄華を象徴する寺であった。

その寺の梵鐘《ぼんしょう》に刻まれた銘文のうち、「国家安康、君臣豊楽」という部分に、家康は

▲方広寺の鐘楼（京都・東山区）　家康に大坂の陣の口実を与えた銘がある

無法ないいがかりをつけたのである。国家安康とは「家康」の名を二つに切り、呪《のろ》いをかけたものであり、君臣豊楽とは「豊臣を君となす」との意だというのだ。

豊臣家では、びっくり仰天《ぎょうてん》した。

こんな読み方は、絶対にありえないのだ。

ところが、この家康のいいがかりを京五山の学僧や儒者《じゅしゃ》の林羅山《はやしらざん》まで支持する始末だ。

羅山にいたっては、銘文に「右僕射《うぼくや》家康公」（右僕射は右大臣の唐名）とあるのを「家康公を（弓で）射《い》る」と読んでみせた。

まるで、やくざのいいがかりである。

違う時代の学者なら絶対にありえないと断言するはずだ。いや、それ以前の常識である。

ところが、このときは家康の威光を恐れて、だれ一人正しいことをいわなかった。

家康は学者の「保証」を受けて、豊臣家に方広寺落慶《らっけい》法要の延期を迫った。

豊臣家では、弁明のための使者を立てることになった。

いったい家康はどうしてこの時点になって、いままでの穏健な態度をかなぐり捨てて、むちゃくちゃな因縁をつけてきたのか。

もちろん挑発である。かつて石田三成を激発させて兵を起こさせ、それを討ち取ることによって天下を得たのと同じように、豊臣家を憤激させて先に戦端を開かせ、滅ぼしてしまうつもりだったのである。

ではどうして関ヶ原以後十四年間も我慢していたかというと、一つは豊臣家の財力を恐れていたのである。

秀吉という人は金儲《もう》けの天才で、大坂城には一代で築いた巨万の富が積まれていた。この金は一朝有事の際には何十万の兵を集める軍資金になるはずだった。

ところが、さしもの財宝も有力寺社の復興というばかげた事業のために、その多くを失っていた。

本来なら底をつくまで待ちたいところだったのだろうが、家康のほうが七十の坂を越えてしまった。

人生五十年といわれた時代である。ぐずぐずしてはいられない。

この間、豊臣家が家康に臣従する態度を示していたら、また話は違っていただろうが、そうでなかったことは先に述べた。

この時点で家康は、豊臣家を滅亡させる決意をほぼ固めていたと考えていいだろう。大坂城からの弁明の使者に立ったのは、重臣の片桐且元《かたぎりかつもと》と女官の大蔵卿局《おおくらきようのつぼね》である。ところがこの二人、それぞれ別行動だったのである。

且元のほうは大坂城を守る豊臣家家臣の代表として、一方、大蔵卿局は淀殿の代理人としてである。

ここで家康はあざとい（小利口で浅ましい）手を使った。且元には会おうとせず、家来に命じて叱《しか》りつけたのに、局には親しく面会し、「秀頼にはまったく悪意をもっていない」などと、おためごかしをいったのである。

さらに家康は局に向かって、実際には面会を許していない且元について、「はなはだ懇意にしている」といった。

そうしておいて、二人をいっしょに大坂に返したのである。

且元は結局、家康に一度も会えず、その怒りが深いことを知っている。だからこそ、豊臣家を救うためにはこれしかないという三つの方策を、大坂への帰途、大蔵卿局に示した。

秀頼が大坂城を明け渡すか、秀頼が江戸へ詰める（参勤する）か、淀殿が江戸へ詰める（人質となる）かの三つである。

このどれか一つを選ぶこと、それこそが豊臣家の生き延びる唯一の道である。

これは結局、豊臣家が他の大名と同じことをするということで、当時の常識ある人間ならばだれもが感じていたことである。

これを受け入れていれば、少なくとも一年後の滅亡はなかったはずだが、大蔵卿局は、これをまじめに考えようとはせず、あまつさえ一足先に大坂に戻り、「且元は家康のスパイにちがいない」と報告した。

局自身は家康に会っている。そして家康は機嫌《きげん》よく応対してくれた。それなのに且元は、家康は怒っているという。

「なぜ、そんなうそをつくのか、それは且元がスパイだからだ」と、あさはかにも局は信じ込んでしまった。

実際は、二枚舌を使ったのは家康のほうなのだが、局はまんまと騙《だま》された。もっとも、これは且元にも責任がある。

且元は、この三つの方策を実行しなければたいへんなことになると思い（実際そうなのだが）、これは家康の内意だといってしまったのだ。そうとでもいわなければ、淀殿や秀頼がまじめに考えてくれぬと焦《あせ》ったのだろう。

が、そのうそがばれたときに、且元の言葉がすべて信用されなくなるという結果を招いてしまった。

家康が大蔵卿局だけと会い、「且元とは親しい」と吹き込んでおいたことが、ここで生きてきたのである。

豊臣家が生き延びるためには、且元の言に従うのが最善の道だったのだが、家康の巧妙な二枚舌作戦により、且元の言はいっさい信用されなくなってしまった。豊臣家は、ほんとうに必要な人材をみずから切り捨てる破目《はめ》に陥った。

絶望した且元が城を出たとき、家康はついに重い腰を上げた。

▲**大阪城（大阪・東山区）**　昭和６年再建された五層七階の大天守閣

火ぶた切る大坂冬の陣

その年の十月一日、家康は大坂征討のため、諸大名に出陣を命じた。

これに対して大坂方は、太閤恩顧の大名に檄《げき》を飛ばすとともに、浪人を募集した。

だが、豊臣家に味方しようという大名は、ついに一人も現われなかった。だが、失うものをもたない浪人は違う。これを機に再び一旗揚げてやろうと、真田《さなだ》幸村《ゆきむら》、後藤又兵衛、長宗我部《ちょうそかべ》盛親《もりちか》、薄田《すすきだ》兼相《かねすけ》など名のある武将が続々と集まり、その数は雑兵《ぞうひょう》も含めて十万を超えた。

さて、この大坂城の規模を記しておこう。

いまある大阪城は、豊臣家の大坂城が焼亡した跡に盛り土をして痕跡《こんせき》を消し、昭和六年に再建されたものである。豊臣時代の敷地はもっと広く、周囲合計は三里八町もあり、本丸、山里曲輪《くるわ》、二の丸、三の丸、惣構《そうがまえ》（最外郭の防壁）からなっていた。天守は九階あるいは十階建てともいわれ、十万の兵士のほかに女官ら非戦闘員も一万はいたとされている。

つまり、豊臣時代の大坂城の敷地は、現在の五倍あったということである。

この広大な城は、東、西、北の三方が自然の要害によって守られている。東は大和《やまと》川、北は淀《よど》川、西は大坂湾、唯一南側だけは平地なので、いくつも堀をつくった。

これは、いわば外堀であるが、本丸周辺は人工の内堀で囲まれている。

これだけでも攻略は難しいところへ、入城した真田幸村は、唯一の弱点ともいうべき南側に真田丸という出城をつくった。しかも惣構の外にも数ヵ所の砦《とりで》をつくり、徳川方の来襲に備えたのである。

十月二十三日、京の二条城に入った家康は、秀忠の率いる軍勢二十万の到着を待ち、翌十一月十九日、ついに合戦の火ぶたを切った。世にいう大坂冬の陣である。

▲**二条城（京都・中京区）**　家康が上洛時の宿舎として築いた

たちまち両者の大激戦がはじまった。はじめ徳川方は、惣構の外にある砦を次々に攻め落とし優勢だったが、惣構のところでつまずいた。

天然の要害と真田丸が、大坂城内への侵入を断固阻止《そし》したのである。

さすがに天下の名城だ。力攻めは難しい。そこで家康は三つの手を打った。

一つは、淀川の水を上流でせき止め、堀を干上がらすこと。

二つは、陣地から城内へ向かってトンネルを掘ることである。

しかし、この物理的作戦は、二つともうまくいかなかった。淀川のほうはたしかにせき止めることができたが、それだけでは堀が干上がらなかったのである。

この城を築城した秀吉は三国一の城攻め名人といわれた人である。さすがに秀吉の設計はみごとだった。川が入り組んでいる大坂の地形をうまく利用してあり、一つの川をせき止めたぐらいでは、堀の水はなくならなかった。

トンネルのほうは、さらに成果があがらない。やはり城の大きさが障害だった。外からでは、とても本丸近くまでトンネルは掘れない。距離が長すぎ、当時の技術では無理なのである。

だが、家康はもう一つ手を打っていた。いかにも狸《たぬき》おやじらしい陰険な手である。そして、こちらのほうはまんまと成功した。

▲淀殿

それは城方の女どもを脅《おど》すという心理作戦だった。城方の弱点は、軍勢の総指揮者がいないという点である。秀頼はあくまで〝みこし〟であり、司令官の能力はない。幸村あたりがその位置につけばよかったのだろうが、雇われ兵士の立場である。最高の意思決定者といえば、お姫さま育ちで、ろくろく世間を知らない淀殿である。家康はそこを衝《つ》いた。

毎日のように大砲で淀殿の寝所近くをねらい、夜は鉄砲を空撃《からう》ちさせて、安眠を妨害するようなことまでやったらしい。

そのうちにたまたまの一発が、淀殿の居室近くにあたり、侍女《じじょ》が死ぬという成果を得た。家康の幸運である。

淀殿は震え上がり、早期講和を命じた。

わずか三日で陥落——大坂夏の陣

問題は和睦《わぼく》の条件である。

はじめ徳川方は高姿勢で、淀殿が人質となること、大坂城を放棄すること、浪人を追放することの三つをもち出した。

大坂方ではとうてい受け入れられない。それを受けるくらいなら、そもそも戦《いくさ》にはなっていない。

だが、淀殿が怯《おび》えて早期講和を望んでいる以上、交渉ははじめから徳川ペースにならざるをえない。

攻撃側では早期講和など、まるで必要ないからだ。

そのうちに、徳川方から城の一部取り壊しを条件にもち出してきた。つまり徳川方の顔を立てるために城を一部取り壊す。そしてそれを土産《みやげ》に徳川方は兵を退くというものである。

結局、この線で話はまとまった。家康はほくそ笑《え》んだにちがいない。これこそ思う壺《つぼ》だからだ。秀頼も淀殿も浪人たちも、城を出なくてよい。そのかわり城は本丸だけを残して、あとはすべて取り壊すということになった。

秀頼も淀殿も、あまりにもこの城に固執《こしゅう》した。それが命とりになったのである。

なんというばかな条件を受け入れたのだと、思う人もあるかもしれない。しかし、城方にも思惑《おもわく》はあった。

というのは、惣構や矢倉は徳川方の手で取り壊すが、二の丸、三の丸は城方が壊すという約束になっていたのだ。つまり、手抜き作業をして、家康の死を待とうという作戦だった。

ところが、役者は家康のほうが一枚も二枚も上手《うわて》だった。工事がはじまるや、家康は

▲「大坂夏の陣」(大阪城天守閣蔵)　黒田家が戦勝記念に描かせたもの

二の丸、三の丸にも大人数を差し向け、瞬く間にそれを取り壊し、内堀まで埋めてしまったのだ。

建物を壊したあと、その残骸《ざんがい》を堀の埋め立てに使うという、きわめて荒っぽいが確実なやり方だった。

大坂方はむろん抗議したが、もともと二の丸も壊すというのは条件のうちである。抗議の腰もいまひとつ定まらないうちに、ついに押し切られてしまった。

あとは本丸の建物がむき身のように残った。こうなれば、勝敗は明らかである。

憤激した大坂方が再び兵を挙げようとしている報に接し、家康は翌慶長二十年(元和元年、一六一五)五月、大坂を攻めた。そして、わずか三日で大坂城は陥落したのである。

最後におもしろい話が伝わっているので、これを記そう。

大坂城を築き、得意の絶頂にあった秀吉は、諸大名を招き、この城は難攻不落だとさんざん自慢したあげくにいった。

「この城を攻むるには、和を入れ堀を埋め塀を毀《こぼ》ち、重ねて攻むれば落つべし」

その席に家康もいたというのである。

あまりにもできすぎているので、フィクションではないかとする人もおおぜいいるのだが、私は案外実話であったのではないかとみている。

現代の心理学でも、得意の絶頂にある人間が、ついつい自分の弱点を口にしたりする傾向があると認めているのだ。

家康は野戦の名人だったが、城攻めは下手だという定評が、その時代すでにあった。苦手《にがて》な城の攻め方を、名人とされるライバルの秀吉から習ったというのも、なんとも皮肉というか、人の世のおもしろさというか、興味が尽きない話ではあるまいか。

四十万石を投げ出したお殿様、加藤明成《あきなり》

偏執狂の若殿と武骨の老臣

加藤家は賤《しず》ヶ岳七本槍《たけしちほんやり》で有名な左馬助嘉明《さまのすけよしあき》を始祖とする。もとは、加藤清正（同姓だがなんの血のつながりもない）や福島正則《まさのり》といった連中と同様、豊臣秀吉の子飼いの部将であった。

嘉明は朝鮮出兵でも功名をあげ、秀吉の死後は巧みに身を処し、徳川政権下で会津《あいづ》四十万石の大大名にのし上がった。

同じ七本槍の仲間の加藤清正や福島正則も、関ヶ原の合戦で徳川方に味方した功により、それぞれ五十二万石、四十九万石の大大名となったが、これは一時のことで、しばらく間を置いて取りつぶされている。

しかし、嘉明は関ヶ原の功でいったん十万石から二十万石にされたあと、要衝の地会

津を任せるために、新たに四十万石の地を与えられたのだから、徳川政権によほど信頼されていたのだろう。清正や正則と違って、嘉明の加藤家は安泰であるはずだった。

ところが、その加藤家は嘉明の息子の明成《あきなり》の時代に、あっけなくつぶれてしまう。世の中というのはうまくいかないものだ。主人が悪かったのか、家来が悪かったのか。双方である。ただ、両方ともばか殿、ばか家来だったのではない。むしろ並以上の意地っ張りだったために、そういうことになった。ここが他家のお家騒動と違うところだ。

▲加藤嘉明

明成はけっして愚人ではない。しかし、戦場を疾駆《しっく》し、槍《やり》ひと筋で四十万石を得た父に比べて、小さいころから若殿としてちやほやされて育ったためだろう、わがままなところがあった。そしてもう一つは性格上の欠陥があった。やたらに金に貪欲《どんよく》なのである。とくに、どういうわけか小判ではなく一分金《いちぶきん》を集めるのが好きで、あまりに一分金を好むことから、官位の式部少輔《しきぶしょうゆう》をもじって〝加藤式部〟ならぬ〝加藤一分殿〟などとよばれる始末であった。

大判小判というものがあるのに、どうして一分金などに執着《しゅうちゃく》したのだろうか。ここにはなにか偏執狂的なものを感じないわけにはいかない。

このわがままで偏執狂的な主人に対し、筆頭家老《かろう》に堀主水《もんど》という男がいた。この男、先代の嘉明からの功臣である。

もともと多賀井主水といった。大坂冬の陣で西軍の部将と組み討ちしたまま堀に転落したが、屈せずに首を取り功名をあげたというので、〝堀〟と改姓したのである。戦国武将にありがちな、相当にあくの強い性格だったらしい。主水はさらに夏の陣でも手柄を立て、感激した嘉明は主水に采配《さいはい》を与えた。

采配――これは軍事指揮権の象徴である。現代でも〝采配を振るう〟という言葉が残っているくらいだから、戦国時代にはその感覚はさらに強烈だったろう。それを与えたということは、嘉明は主水に自分の代理権を与えたということだ。つまり筆頭の家臣として、その地位を認めたということでもある。

そのうちに嘉明が死に明成が跡を継いだ。なんの苦労もなく、わがままに育った明成にとって、父も一目《いちもく》置いた老臣主水は相当に煙ったたい存在であったろう。一方、主水のほうも嘉明に対しては遠慮もあったが、明成はまだまだ青二才にしか見えないうえ、采配を与えられた筆頭家臣というプライドもある。明成の政治になにかと口を出したにちがいない。これに対して明成はいい感情をもつはずがない。「家来のくせに」と思っただろうし、「主人はおれだ」とも思っただろう。

これで両者が仲が悪くならなければ、そのほうが不思議である。

国一つと首一つ

こまかい争いは数かぎりなくあっただろうが、明成が家督を継いで八年後の寛永十六年（一六三九）夏、例の采配を明成が取り上げたことが直接のきっかけで、ついに堀主水は加藤家を出奔《しゅっぽん》することを決意した。後世の言葉でいえば、「脱藩」である。

しかし、主水は戦国武士だ。一人こそこそと城下を出るような男ではない。それどころか一族郎党《ろうとう》三百人を引き連れて白昼堂々と城門を出た。

そればかりではない。主水は部下に命じて城に向かって一斉《いっせい》射撃を行なわせた。もちろん建物に向かってだし、かなり距離も離れていたので実害はなかったが、これはまさに主家に「弓を引く」行為であり、デモンストレーションだからといって許される行為ではない。

もちろん、城方では憤激して討伐隊を送ったが、主水もさるもの、追手《おって》を予想して途中の橋を焼いてしまったのである。

歯噛《が》みする追手をしり目に、主水らは悠々《ゆうゆう》と国境を越え、家来どもには暇を出し、主水は弟多賀井又八郎や妻子を連れて鎌倉に入った。

そのころ、明成は江戸にいた。国許《くにもと》からの知らせを受けて激怒した。

これは激怒するのが当然である。たとえ明成に落度があったにせよ、あくまでも主は主である。主家を去るなら、いい捨てでもいいから一言挨拶《あいさつ》あってしかるべきだ。勝手に出奔したばかりか、城に向かって発砲するとは、橋を焼くとはなにごとだ。そう思ったのも無理はない。

明成はなんとしてでも主水を捕らえ処罰しようと決意した。もし仮に明成がそうしたくなかったとしても、加藤家としては絶対に主水を見逃すことはできない。城に発砲したような〝逆臣〟をそのまま放置しておくなら、加藤家は武家として成り立っていかなくなる。けじめの問題である。

むろん明成は主水を放置しておくつもりなど毛頭なかった。それどころか張りきって、ただちに主水討伐隊を鎌倉へ差し向けた。

▲**東慶寺（鎌倉市）**　江戸時代には駆込寺、縁切寺として有名であった

主水もむざむざ討たれるようなへまはしない。足手まといになる妻子を有名な鎌倉の東《とう》慶《けい》寺に預けた。ここは女性保護を看板にしている寺格の高い寺で、縁切寺ともいわれた。大名でも迂闊《うかつ》に手は出せない。こうしておいて、主水自身は弟らとともに高野《こうや》山に駆け込んだ。ここはさらに寺格の高い、弘法大師空《くう》海《かい》以来の霊場である。いかに四十万石の大大名といえども、この地に討手《うって》を差し向けるわけにはいかなかった。

明成は主水の〝悪知恵〟に歯噛みして悔《くや》しがったにちがいない。そしてここから少しおかしくなる。明成はどうしても主水の首がほしくなった。そこで幕府に「所領四十万石にかえても、高野山での主水捜索をお許し願いたい」と嘆願したのである。

所領四十万石にかえても——これはたんなる修辞だったのか、それとも本気だったのか。おそらく本気だったろう。なにしろ〝一分殿〟である。自分の意に逆《さか》らい、城に鉄砲まで向けた家来を絶対に許せず、主水の首を得るためには、国を失ってもいいと思ったにちがいない。同様の例がある。

荒木又右衛門の助太刀《すけだち》で名高い伊賀《いが》越えの仇討《あだう》ちである。あれは岡山藩池田家で起こった事件であった。かたちとしては藩主池田忠雄の小小姓《こごしよう》渡辺源太夫が同僚の河合《かわい》又五郎に殺され、兄数馬《かずま》が弟の仇の又五郎を討ったという事件だが、裏に旗本《はたもと》と大名の対立があり、意地になった池田忠雄は死に際して、岡山藩と引き換えにしても河合又五郎の首を墓前に供えよ、と遺言したと伝えられる。

このへんがお坊ちゃん大名の限界だろう。明成も池田忠雄も二代目である。いくら憎いといっても、国一つと首一つを引き換えにしてはならない。いくら大名とはいえ、人民や国土をそこまで私物化してはならないはずだ。しかし、わがままに育った、生まれながらの貴族には、また別の正義がある。国も人も自分のために存在している、だからそれをどう使おうと勝手だという考え方だ。たしかに明成はたんなるばかではない。しかし君主として適格な人間でもなかったようだ。

その明成の嘆願を幕府は聞き届けた。「四十万石にかえても」という熱意が通ったのではなく、主従の秩序を乱す人間を放置しておいては幕府のためにもよくない、と考えたのだろう。幕府は明成の兵が高野山に入るのは認めなかったが、かわりに圧力をかけて主水らを高野山から追放させた。

そこで逃げ場を失った主水は最後の手段に出た。なんと将軍のお膝元《ひざもと》の江戸へ出て、大目付《おおめつけ》井上筑後守《ちくごのかみ》に「加藤明成謀反《むほん》の志あり」と訴え出たのである。

その内容だが、加藤家は、そもそも豊臣恩顧の大名であり、大坂の陣のときも豊臣秀《ひで》頼《より》に通じていたというのである。そしていまも徳川家に逆心をいだき、城を勝手に修理したり兵を訓練している、というのだ。

これは、やはり根も葉もないでたらめだというのがほんとうのところだろう。加藤家が幕府に信頼されたのは、関ヶ原以後、反豊臣の立場を貫いたからだし、主水自身、大坂の陣では奮戦しているのである。主水は明成憎さの余り、最大の罪である謀反罪を明成になすりつけようとしたのである。

だが、これがでたらめだという証拠に、訴えをいちおう受理した幕府では、審理の結果、主水の言い分はいっさいとり上げずに、不忠の臣として身柄を明成に引き渡している。

当世風にいえば、明成側の全面勝訴である。このときに、もし少しでも謀反の疑いがあったとしたら、加藤家は幕府に取りつぶされていたはずだ。だからやはり主水の訴えは苦しまぎれの讒言《ざんげん》とみたい。

ようやく主水を捕らえた明成は狂喜した。ここから明成の異常性格が遺憾《いかん》なく発揮される。おそらく明成は主水を捕《つか》まえたら、どのように処刑してやろうかと、日々頭をひねっていたにちがいない。たぶんそれは明成にとって愉悦《ゆえつ》の時だったのではないか。

明成は主水をしばり上げ輿《こし》に乗せ、昼夜を分かたず揺り動かすという手段に出た。いわゆる「うつつ責《ぜ》め」である。

そんなことが苦痛に――と思われる向きもあるかもしれないが、この「うつつ責め」というのは古来最も苦しい拷問《ごうもん》の一つであるとされている。主水は戦場を疾駆した百戦錬磨の勇士であるから、体を傷つけるような拷問には強い、と明成は考えたのだろう。

その予想は当たった。

さすがの主水も音《ね》を上げた。ただ一言、謝罪の言葉をいわせてから首を斬るというのが明成のもくろみであったが、それは失敗した。こうして寛永十八年三月二十五日、主水は江戸の藩邸で斬首《ざんしゅ》の刑に処せられた。出奔から二年後のことである。

領地返納の申し出

宿願の主水の首を得たのだから、このあたりで満足しておけばよかったのだが、調子に乗った明成は暴挙に出た。鎌倉の東慶寺に兵を送り、主水らの妻子をむりやり強奪し、全員を処刑したのである。もちろん幕府の許可などいっさい得ていない。

これはやりすぎであった。そもそも妻子を殺すということもよくないが、東慶寺という幕府公認の聖域を侵したことがさらによくない。これは幕府に対する挑戦、おおげさにいえば反逆であると受け取られてもしかたのない行為である。

幕府もこのあたりで明成を見かぎった。

東北の要衝である会津藩四十万石を任せるだけの器量はないと見きわめただろう。こうなると、あとは国替えか取りつぶしのどちらかにするしかない。

しかし、それでもそれからなお二年、加藤家は無事であった。明成が将軍家光《いえみつ》の実弟保科正之《ほしなまさゆき》の女婿《じょせい》であったことが、多少有利に働いたのかもしれない。

そして寛永二十年四月、明成は前代未聞の申し立てを幕府に対して行なう。

「病のため大藩を維持できない、封土《ほうど》を幕府に返納する」というのだ。大名にとって命にもかえがたい領地を幕府に返してしまう、しかもその代償もいっさい求めないというのである。もちろん、加藤家の武士は全員失業して浪人となる。どう考えてもとんでもない話である。

一方、幕府にしてみれば、こんなおいしい話はない。無理な国替えや取りつぶしをして恨みを買うよりは、はるかにいい。あっさりと明成の願いを受理した。もっとも幕府もさすがに気がさしたのか、「男子があれば申し出よ、家名が立つように取りはからう」と伝えたが、明成は拒否した。「家を継ぐ男子などいない」と突っぱねたのである。

じつはいた。妾腹《しょうふく》だが男子が一人いたのである。幕府はわざわざこの者を召し出して、新たに一万石を与え家名を存続させた。

それにしても不思議なのは、明成がなぜこんなことをみずからいい出したかだ。病のためなどではあるまい。おそらく、舅《しゅうと》の保科正之あたりを通じて「このままでは取りつぶしに遭う、先手を取ってお上《かみ》の慈悲にすがるがよい」というような内容の申し入れがあったのではないだろうか。

当然、わがままいっぱいの明成はおもしろくない。そこで「そんなにほしけりゃ返してやる」とばかりに、領地返納を申し出たのではないか。つまり意固地《いこじ》になったのである。

そう考えてみると、外様《とざま》大名取りつぶしに熱心な幕府が、わざわざ家名の立つようにはからおうと答えた理由もわかるし、意地を張った明成が「そんなお情けはけっこうだ」とばかりに子の存在すら隠したのだろう、という想像もつく。

それにしても、明成がほんとうに幕府の袖《そで》にすがる気持ちがあったら、せいぜい国替えか領地半減ぐらいの処置ですんだのではないかという気もする。

諦《あきら》めが早く、財物に執着しないというのは、まさにお坊ちゃんの体質だが、このお坊ちゃんの若殿に、戦国以来のハングリー精神そのままの家老《かろう》がついていたということが、加藤家のそもそもの不幸だった。

もし堀主水がいなければ、加藤家はあれほど大きくなれなかったろうし、逆に二代目になって家がつぶれることもなかったろう。この一連の騒動を、激変する時代に対応できなかった人間の悲喜劇とみることも、また可能なのではないか。

使い捨てられたテクノクラート大久保長安

時代の流れに乗った男

大久保長安《ながやす》は、徳川家康の家臣団のなかでもきわめて異色な存在である。

まず第一に長安は経済官僚であり、今日の言葉でいうテクノクラートであった。しかも三河《みかわ》（愛知県）出身ではない。

もともと三河の大名だった徳川家康には、三河武士団という勇猛な戦士たちがいた。この三河武士らはきわめて忠義に厚く戦争に強い。頼りになる部下にはちがいないが、一言でいってしまえばたんなる軍人である。軍人には戦争はできても、経済運営はできない。

この点、織田信長や豊臣秀吉とはずいぶん違う。彼らははじめから経済を強く意識し、その運営を行なう人材を求め育てていた。天下人となるには、それがぜひとも必要なことだった。

これに対して家康は、はじめは天下を取るつもりはなかった。それゆえに家康は優秀な軍団の司令官であればよかったので、勇猛な戦士は必要でも有能な経済官僚は必要なかった。三河武士団というのは、まさにその目的にぴたりと合致していた。

しかし、家康が実力をつけ天下人となる機会がめぐってくると、そうはいかない。ただ戦争に強いというだけでは天下は取れない。いや、それだけで天下を取れたという時代は一度もなかった。軍事力というのは一面経済力でもある。有能な人材、優秀な武器などというものは、経済力があってこそ集まるものである。

家康はそれを信長や秀吉から学んだのだろう。彼も有能な経済官僚を得ようとした。ただ、残念ながら、彼の出身三河は当時の後進地域で、そういうことができる人材がいない。そこで、三河出身者のファミリー的結束を誇っていた徳川家も、外部から人材を求めるほかはなかったのである。

そもそも軍人は官僚を、「文弱の徒」として侮蔑《ぶべつ》する傾向にある。戦国時代はとくにそうだったろう。あの、最も経済を重視した豊臣家ですら、加藤清正らの武人派と石田三成《みつなり》らの文人派とが対立し、関ヶ原の戦いの遠因となったほどだ。

ならば、それよりもさらに武骨な軍人の集団だった徳川家では、長安の立場はどうだったろう。「あいつめ、戦場で手柄なく三河者でもないくせに、大きな顔をする」、たぶんそんな冷たい目で見られたろう。おそらく間違いない。というのは三河生え抜きの老兵で、三代将軍家光《いえみつ》の時代まで生き残った大久保彦左衛門《ひこざえもん》が、同じようなことを書き残しているからだ。

彦左衛門の時代は、もはや戦争はなく経済官僚が優遇される世の中になっていた。彦左衛門の時代は「軍人」のほうが少数派だが、長安の時代は違う。「他所者《よそもの》」のうえに「ほんものの武士ではない」とでもいわれ、かなり肩身の狭い思いをしたのではないか。じつはこのことが彼の運命に暗い影を落とすことになる。

しかし、それでも、家康は長安を重く用いた。彼が天下取りになくてはならぬ、抜群の能力をもった官僚だったからである。徳川家が豊臣家と本格的に対立し、最後には豊臣家を破って天下を取る。この期間、肥大化する徳川家の財政運営を支えたのは、長安一人であるといっても過言ではない。なにしろほかにそんなことのできる人間は、徳川家にはいないのだから、長安の功績がいかに大きなものか、これである程度わかっていただけると思う。

武士になった猿楽師《さるがくし》の子

▲大久保長安

では、長安は具体的にどのような方法で、徳川家の屋台骨《やたいぼね》を支えたのか。それを理解するためには、彼の経歴を知る必要がある。

はじめに「テクノクラート大久保長安」といった。テクノクラートとは「技術者出身の行政官」のことだが、戦国時代に人材多しといえども、こういうよび方ができるのは彼しかいない。というのは彼は当時の日本で第一級の鉱山技術者であったからだ。

鉱山技術者のことを当時の言葉で「山師《やまし》」あるいは「御山師《おやまし》」という。いまでは悪い意味に使われることもあるが、もとは鉱山技術者、とくに探査をする技術をもった人々をさす言葉だった。俗にいう「一山あてる」というのがそれである。素人《しろうと》目にはなんの変哲もない山、そこから金《きん》が出ることを、長年の経験と独特の勘で見抜くことのできる者。これがどんなに貴重な人材かわかるだろう。

しかも長安はその山から金を採掘し精錬するだけでなく、鉱山自体を一つのシステムとして経営する才能もあった。もちろんこれは領国経営にも使える才能である。

さらに長安は灌漑《かんがい》治水の技術、つまり農業土木の分野でも優秀な技術者であった。これは土地や耕地の開発もできるということだ。家康が重宝するはずである。

では、長安はそういう技術者の家系に生まれたかというと、これが全然違う。彼の前身はなんと役者であったのだ。

長安は天文十四年（一五四五）に大和《やまと》（奈良県）の金春座《こんぱるざ》の猿楽師の子として、武田信玄の領国の甲斐《かい》（山梨県）に生まれた。おそらく武田家お出入りの猿楽師の子だったのだろう。若いころは大蔵藤十郎とも十兵衛ともよばれたようだが、これは一種の芸名のようなものであり、もとより武士ではない。

ところが、やがて武田信玄の目にとまり、武士として取り立てられる。武田家では土屋という姓を名乗っていたらしい。

戦国時代の甲斐国は、先に述べた農業土木（灌漑《かんがい》治水）や鉱山開発の技術では、日本一の水準を誇っていた。釜無《かまなし》川、笛吹《ふえふき》川の信玄堤は、いまにいたるまで治水工事の模範とされているし、鉱山開発のほうは甲州金《こうしゅうきん》で有名だ。武田家の経済力の二大支柱とい

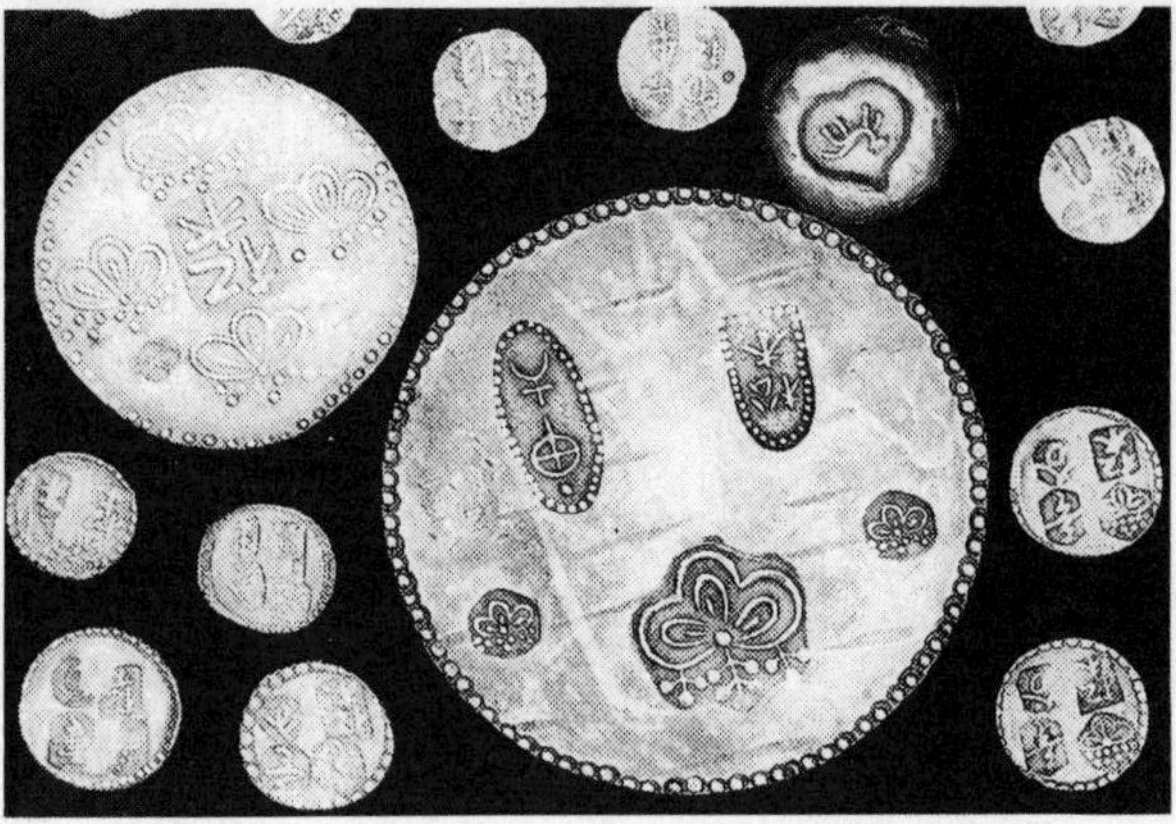

▲甲州金各種　徳川時代になっても甲州金は鋳造を認められ流通した

ってもいい。これがあればこそ信玄は一時天下を取る勢いを示したのである。

長安はこの技術者集団（金山《かなやま》衆《しゅう》）に近いところに配属された。それは、たぶん長安自身の希望によるものだろう。槍《やり》を取って武者働きが好きならば、武田家ではそれを生かす場はいくらもある。しかもそのほうが人気もある。それなのに、いわゆる軍人の道を選ばなかったのは、やはり技術畑のほうに適性があったと考えるべきだ。

忍者だった？長安

あるいは、ひょっとすると、長安はもともとそういう世界の人間だったのかなという気もする。もちろん正当な歴史書にはないことで、小説家の空想と笑われるかもしれないが、長安は広い意味での忍者の系統ではなかったのか。というのは彼が猿楽師出身だからだ。

技術者と能楽師、まして忍者などというものは、まったく関係がないようにみえる。たとえば現代では能役者の子として生まれたが、エンジニアになったという人は、あまりいないだろう。しかし、日本の中世はそうでもない。

たとえば能楽と忍術の関係について、海音寺潮五郎氏は次のように述べている。

「お能の能楽師の観世《かんぜ》氏らは本姓は服部《はっとり》です。服部半蔵の話でもわかるように、伊賀《いが》は服部姓の多いところです。二代将軍秀忠《ひでただ》の生母西郷局《さいごうのつぼね》お昌《まさ》の実父は服部平太夫といって家康につかえていた伊賀者（忍者）でありましたが、その前身は申楽《さる》師（能役者）だったというのです」（『史談と史論』一部省略して引用）

紙数に限りがあるので、これくらいにしておくが、要するに日本の芸能の担《にな》い手というのは、一面で忍者であり隠密《おんみつ》（スパイ）だった可能性が高いということだ。ちょうどヨーロッパのロマ（ジプシー）を思い浮かべていただければ話は早いが、このように定着せず旅から旅へ芸を見せて生活している、そのような集団は日本にもあった。いまでいうサーカスのようなものだ。

演目は剣投げ、奇術、催眠術、縄渡りなどだが、これは小屋で料金を取って見せるから「芸能」なのだが、外で依頼主のために個人的にやればどうなるか。

たとえば手裏剣《しゅりけん》をだれかの急所に投げるとか、縄渡りを使ってどこかの城へしのび込むとか——、つまり忍術と芸能は、もともと兄弟なのである。

その担い手は、先端技術にも詳しい。火薬にしろ鉄砲にしろ、兵器というものはその時代の最先端の技術を使っている。

また役者という職業も隠密と密接にかかわりがある。役者とは、いろいろな人物を演じるのが仕事である。そのために扮装《ふんそう》（変装）をする。これを舞台の上でやれば「芸能」にすぎない。しかし他国へ潜入する際、だれか別の人間に化《ば》けていく、というならどうか。これは立派な隠密である。すなわち扮装も隠密の重要な技術の一つなのである。

また旅から旅へと渡り歩く人間は、潜入の際に怪しまれないという利点もある。

だから広い意味でいうならば、世阿弥《ぜあみ》も長安も松尾芭蕉《ばしょう》も、全部「忍者」であったのではないかとさえいえる。そういうと笑う人もいるかもしれないが、たぶんそのような人は、世阿弥の家系が南朝の忠臣楠木《くすのき》正成《まさしげ》と深いかかわりがあり、その父観阿弥《かんあみ》が北朝方の国で興行中に変死していること、あるいは芭蕉が伊賀（三重県）出身で江戸では水道工事の現場監督をしていたこともある、などということをご存じないのだろう。

もちろん、この三人は純然たる忍者ではないかもしれない。しかし、少なくともそういう環境のなかにいたことは間違いない。さらに想像を逞《たくま》しゅうすれば、もともと三人は能楽や金山技術や俳諧《はいかい》を、忍術の一課目としてはじめたが、それがおもしろくなってついに一芸をきわめたという考え方もできる。

さらにいえば、ほかにもそういう人は歴史上たくさんいるのではないだろうか。いまのところ空想の域を出ない話ではあるが。とにかく長安は、そういう空気のなかにいたのである。彼の若いころのことは、ほとんどわかっていない。ただ信玄に仕えるようになってから鉱山技術などにさらに熟達したことは確かである。

武田から徳川へ転身

やがて信玄は死に、子の勝頼《かつより》の代になって武田家は滅亡する。天正十年（一五八二）のことだ。甲斐国は武田を滅ぼした織田信長の支配下に置かれるが、それも束《つか》の間《ま》、同じ年に起こった本能寺の変で信長も殺され、甲斐はその間隙《かんげき》を縫った徳川家康の領国となった。

これは長安にとっては非常に幸運であった。というのは、信長は武田家を憎んでおり、武田遺臣を皆殺しにする方針をとっていたのだが、家康はむしろ信玄を尊敬していて、その政治システムを積極的に学んでいこうという姿勢があったからだ。

当然、家康は武田遺臣を積極的に配下に組み入れた。武田家の誇る二大技術、鉱山と治水に長《た》けていた長安は、家康にとってぜひ迎えたい人材であったにちがいない。

もっとも長安が徳川家に仕えたきっかけについては、別の説もある。『吉利支丹《キリシタン》濫觴記《らんしゅうき》』という書物によれば、長安は武田家滅亡の際、早々と徳川家に乗り換え、甲州征伐の道案内を務めたというのである。武田家の滅亡直前には、一門の穴山梅雪《あなやまばいせつ》や木曾《きそ》一族など裏切りが相ついだから、そのようなこともひょっとしたらあったかもしれない。そのほうが「忍者」長安にふさわしい。

この説で注目すべき点は、長安は家康の重臣の大久保忠隣《ただちか》に連絡をとったと述べていることだ。じつは徳川家に仕える以前は、大久保長安は「大久保」ではないのである。おそらく土屋十兵衛か、それに類した名だろう。それが徳川家に仕えるようになって、徳川の重臣である大久保一族（あの彦左衛門もこの一族である）の代表者である忠隣に預けられることになり、大久保姓を名乗るようになったのだ。

長安は大和の金春座《こんぱるざ》猿楽師の出身で、三河武士の大久保一族とはなんのかかわりもなかった。それがなぜわざわざ大久保一族が預かり先として選ばれたのか、ほんとうのことをいうとよくわからないが、長安が武田家を「裏切る」際、たまたま大久保忠隣のもとへ行ったので、その縁で忠隣に預けられることになったのならわかる。こういうやり方は戦国時代はよくあることだった。

さて、徳川家に仕えたのち、長安は水を得た魚のように働きはじめた。さらにもう一つ幸運が重なった。それは家康のライバル豊臣秀吉が、家康の重臣の石川数正《かずまさ》を引き抜いたことだ。数正によって徳川家の軍法や領国経営法が、すべて豊臣方に筒抜けになった。それも重要なきっかけだったし、さらに武田家の軍法のほうがすぐれていることもあったろう。

家康は徳川の軍事、民政をすべて武田流に切り換えることにした。このおかげで長安は、ますます重用されることになった。

八面六臂《はちめんろっぴ》の活躍

大久保長安はまず甲斐の民政に力を入れた。開発と民心の安定、甲斐育ちの長安にはたやすい仕事だったにちがいない。これで手腕を認められた長安は、家康が秀吉によって関東に移封《いほう》されると、未開発地帯であった武蔵《むさし》国の開発を、ほとんどすべて任されることになる。新領土の検地、町の建設、市場や街道の整備、江戸の都市計画にも、長安は大いに活躍したらしい。

また秀吉が死に、関ヶ原の戦いに家康が勝利をおさめると、こんどは新しく獲得した領土の経営が、長安に任されることになる。

のちに天領とよばれた幕府の直轄《ちょっかつ》地甲斐、駿河《するが》（静岡県）、大和、佐渡《さど》（新潟県）、これらの地は長安の支配下に置かれ経営されることになる。彼は「天下の総代官」などとよばれ、その支配下の土地の総石数は百二十万石にも及んだとされている。

豊臣家が一大名に転落するのと裏腹に、家康は実質的な天下人としての権力を確立していた。長安とのかかわりで最も重大なことといえば、全国の金山・銀山がすべて家康の支配下に入ったということだ。いよいよ山師長安の最大の活躍の場が提供されることになったのである。

長安はそれまでの採掘方法を露天掘りから坑道（横穴）掘りにし、また請負《うけおい》制から直《じき》山《やま》制に改めた。これまで採掘権を認められた山師が一定の運上金《うんじょうきん》（採掘料）を納めれば、あとはいくら金が出ても山師の収入となっていたが、これを領主が直接採掘し収入とするシステムにしたというわけだ。

そんなの当たり前じゃないか、どうして早く改めなかったんだ、と思われる向きがあるかもしれないが、つまりそれほど鉱山技術者というのは、貴重な得がたい存在だったのである。そういうことでもしないかぎり、掘ってくれないし、いてくれるなら少々のことには目をつぶるということだったのだ。ところが長安はみずからも優秀な技術者であるから、そういう遠慮をする必要がない。この改革は長安にしてはじめて可能だったのである。

また長安は南蛮《なんばん》人の技術も学んだらしい。とくに精錬法である。これが進歩すれば、品位の低い鉱石からも金銀が抽出《ちゅうしゅつ》できることになる。また実際そうなった。しかも長安は新しい金山の発見にも長じている。それやこれやで徳川家の金銀保有量は飛躍的に

▲『日本山海名物図絵』に描かれた金山で働く労働者

増大した。これすべて長安の功績である。

さらに長安は得意の土木技術を生かして、徳川政権の城づくりにも貢献している。江戸、駿府《すんぷ》（静岡市）、名古屋といった徳川政権強化の城づくりに、長安は作事方《さくじかた》としてほとんどすべて参加しているのである。

長安はそのうち日本有数の財力をもつようになった。徳川政権下の一官僚にすぎない長安が、財力をもつというと不思議に思うかもしれないが、鍵《かぎ》は「代官」という言葉にある。これはどうやら請負制だったらしい。先ほど、金山の採掘について山師の請負制をやめ、直山制にしたと書いたが、その長安が家康に対しては請負制の立場にいる。山師から長安への請負はなくなったが、長安から家康への請負は残ったということだ。

また長安は「天下の総代官」でもある。このような地位にいれば、特別に欲深くなくても財貨は集まってくる。

抹殺《まっさつ》された長安一族

家康はしだいに長安の存在を疎《うと》ましく思うようになった。皮肉なことに、長安が領国経営に精を出し開発を進めれば進めるほど、それは完成に近づいて長安の存在価値はなくなっていくのである。まして、長安は、家康が苦楽をともにした三河武士でもない。いまひとつ信用が置けない。家康はそう思ったはずである。

そういうなかで長安は、慶長十八年（一六一三）、六十九歳で死ぬ。家康はただちに長安の財産をすべて没収し、七人の子は全員死罪にするという苛酷《かこく》な処分を行なった。理由らしい理由はない。ただ、生前長安が財物を横領していたというのみである。

結局、家康は大久保長安というテクノクラートを完全に道具として使い、使いきったところで捨てたのである。子孫を根絶やしにしたのも、権力と財貨が集中する「天下の総代官」という存在を、この世から抹殺《まっさつ》したかったからだろう。

長安はじつは幕府転覆の陰謀をめぐらしていたのだという説もある。それは伊達政宗《だてまさむね》と、その女婿《じょせい》である家康の六男松平忠輝《ただてる》、それと長安が組んで将軍を倒し、忠輝が新政権の代表となって政宗が実権を握るというもので、政宗がローマに使いを送ったのも、キリシタンを認めるかわりに外国から援軍を送ってくれと要請するためだった、というのだ。その証拠に、長安がいつも肌身《はだみ》離さず持っていた箱があり、その箱のなかから異国文字で書かれた文書が出てきたともいう。

しかし、どうやらこの陰謀説は、家康が長安の一族を皆殺しにしたことから逆算して、つくられた話らしい。謀反《むほん》の企《たくら》みでもないかぎり、一族皆殺しというのはありえない、だから長安は——というのだろうが、根絶やしは「天下の総代官」の地位をこの世から消し去るための手段と考えれば納得《なっとく》がいくし、箱にあった秘文書というのも南蛮渡来の鉱山技術の本だったと考えれば辻褄《つじつま》が合う。

ともあれ、長安は有能な技術者だったが、それゆえに家康に使い捨てにされてしまった不幸な人物といえるかもしれない。

あとがき

この『歴史謎物語』に収めた文章は、私が十年以上にわたって、様々な雑誌に書きためたものである。

いまにして思えば、考えが現在とは違っている箇所もある。十年もたてば、人は新しい考え方に目覚める場合もあるからだ。

しかし、あえて訂正はせずに、興味のある方に読んでいただくことにした。とにかくここに収める文章の一つ一つは、私にとって原点であるからだ。

井沢元彦

歴史「謎」物語

著　者　井沢元彦
発行者　中　博
発行所　廣済堂出版
〒104-0061
東京都中央区銀座3丁目7番6号
Fax　03(3538)7223(営業)
電話　03(3538)7212(営業)
　　　03(3538)7214(編集)
振替　00180-0-164137
印刷所　株式会社 廣済堂

定価は、カバーに明示してあります。
落丁・乱丁本はお取替えいたします。
ISBN4-331-65281-5 C0121